Cuaderno de trabajo
A

Paso A–Capítulo 7

FIFTH EDITION

Dos mundos

Tracy D. Terrell
Late, University of California, San Diego

Magdalena Andrade
Irvine Valley College

Jeanne Egasse
Irvine Valley College

Elías Miguel Muñoz

Mc Graw Hill

Boston   Burr Ridge, IL   Dubuque, IA   Madison, WI   New York
San Francisco   St. Louis   Bangkok   Bogotá   Caracas   Kuala Lumpur
Lisbon   London   Madrid   Mexico City   Milan   Montreal   New Delhi
Santiago   Seoul   Singapore   Sydney   Taipei   Toronto

McGraw-Hill Higher Education

A Division of The McGraw-Hill Companies

This is an ⌐EBI⌐ book.

Cuaderno de trabajo
Dos mundos

Published by McGraw-Hill, an imprint of The McGraw-Hill Companies, Inc., 1221 Avenue of the Americas, New York, NY 10020. Copyright © 2002, 1998, 1994, 1990, 1986 by The McGraw-Hill Companies, Inc. All rights reserved. No part of this publication may be reproduced or distributed in any form or by any means, or stored in a database or retrieval system, without the prior written consent of The McGraw-Hill Companies, Inc., including, but not limited to, in any network or other electronic storage or transmission, or broadcast for distance learning.

This book is printed on acid-free paper.

3 4 5 6 7 8 9 0 QPD QPD 0 9 8 7 6 5 4

ISBN: 0-07-248612-0 (Combined); 0-07-248604-X (Part A); 0-07-248605-8 (Part B)

Editor-in-chief: *Thalia Dorwick*
Publisher: *William R. Glass*
Development editor: *Pennie Nichols-Alem*
Senior marketing manager: *Nick Agnew*
Senior production supervisor: *Pam Augspurger*
Senior supplements producer: *Louis Swaim*
Senior project manager: *David M. Staloch*
Illustrators: *David Bohn, Wayne Clark, Anica Gibson, Rick Hackney, Sally Richardson, Dave Sullivan*
Compositor: *TechBooks*
Typeface: *10/12 Palatino*
Printer and binder: *Quebecor World Printing, Dubuque*

http://www.mhhe.com

CONTENTS

To the Instructor

Welcome to the Fifth Edition of the *Cuaderno de trabajo*. Our combined workbook/laboratory manual has many new features and activities, but its basic premise has not changed. The *Cuaderno* is intended for use outside the classroom. Its primary goal is to further students' acquisition and learning of Spanish by giving them additional practice reading, writing, and listening to the target language in a variety of meaningful contexts.

The general organization of the *Cuaderno* follows that of the student textbook: three preliminary **Pasos** (**A, B,** and **C**) and fifteen regular chapters. Each chapter contains the same thematic divisions as the corresponding chapter in the main text. We provide **Actividades escritas** (written activities) and **Actividades auditivas** (listening comprehension activities, formerly **Comprensión oral**) for every topic in the **Actividades de comunicación y lecturas** sections of the textbook.

The most important change in the Fifth Edition of the *Cuaderno de trabajo* is the reorganization of its contents. We have created a new, more manageable, structure. Adopters of the previous edition will want to pay close attention to this structural change. Each chapter now has the following sequence.

Actividades escritas: two to four activities per chapter theme

Resumen cultural: questions that review the cultural content of the chapter

Actividades auditivas: one or more listening comprehension activities per chapter theme

Pronunciación y ortografía: recorded exercises

Videoteca: written activities coordinated with the video

Lecturas: readings

The **Actividades escritas** and **Actividades auditivas** have been completely separated. Students will do the **Actividades escritas** and the **Resumen cultural** first; then, once familiar with the themes, vocabulary, culture, and grammar in the chapter, students will work on the **Actividades auditivas.** The written activities will provide the practice and confidence students need before they listen to the recorded segments on their own. Thus this new structure will make the students' work outside of class more productive and effective. This separation also ensures that the written and listening sections of the *Cuaderno* can be easily assigned and collected.

The *Cuaderno* Sections: A Closer Look

Actividades escritas. Two types of activities are included in the **Actividades escritas** section:

- Those that focus on grammar and are based on the **Gramática** section of the main text
- Those that allow students to write creatively

Each **Actividades escritas** section begins with a reference (**Lea Gramática...**) to the corresponding grammar point(s) in the textbook. This reference will remind students which grammar topic(s) to review before doing those activities and where to look for help while working. Most of these activities can be done outside of class, although in-class follow-up of the more creative ones can prove beneficial.

Resumen cultural. The written activities in the **Resumen cultural** sections add emphasis to the strong cultural focus in *Dos mundos*, Fifth Edition. These activities appear at the end of the **Actividades escritas** sections. They allow students to verify their knowledge and understanding of Hispanic culture. The **Resumen cultural** draws on the cultural material in each chapter, from the **Lecturas**, the **Notas culturales**, the **Ventanas culturales**, and the **¡OJO!** feature.

Actividades auditivas. The activities in this section consist of conversations, narratives, advertisements, and other examples of texts recorded on the audio program. Since the focus is on listening comprehension, the scripts of these passages are not included in the *Cuaderno*. Instead, each recorded passage has a corresponding worksheet, which always contains:

- A list of useful vocabulary (with English translations) to aid comprehension
- A short introduction to the recorded passage
- Verification activities of several different types

Each **Actividades auditivas** section (starting with **Capítulo 1**) opens with a segment called **Para empezar** and closes with a segment called **¡A repasar!** (beginning with **Paso B**). The **Para empezar** activities review vocabulary, themes, and grammar from the previous chapter, providing students with a warm-up before they listen to the new material. The **¡A repasar!** segments consist of cumulative activities that focus on the general theme of the chapter. As the title suggests, their purpose is to review chapter topics, vocabulary, and grammar.

Pronunciación y ortografía. This section provides explanations and exercises that help students work with both the sound system of Spanish and its correspondence with spelling. Spanish sound-letter correspondences are relatively simple, and many students become good spellers in Spanish without any explicit instruction. Note that these exercises generally include only words that students have already encountered in oral class activities.

Videoteca. Correlated with the *Video to accompany Dos mundos*, this section helps students work with the content of the chapter's video segment. A brief introduction to each episode is provided in the **Videoteca** section at the end of **En resumen,** in each chapter of the textbook. The *Cuaderno* viewing activities were rewritten for the Fifth Edition and now provide:

- A list of useful new vocabulary
- A synopsis of the segment
- Comprehension questions with varying formats

It is helpful—and fun!—to present each video segment and do the corresponding activities in class with your students. Some of the segments may also be used as material for tests.

Lecturas. Many previous readings were rewritten for the Fifth Edition, and new readings were added, including several **El mundo hispano... La gente** segments, a **Nota cultural** on Andean cuisine, and a poem about the **Cinco de mayo** holiday. Each of the **Lecturas** and **Notas culturales** is preceded by an introduction to the passage and a list of useful vocabulary. All readings are followed by three types of activities:

- **Comprensión** (brief verification questions)
- **¡Ahora usted!** (personalized questions)
- **Un paso más... ¡a escribir!** (creative writing activities)

The readings can be assigned as homework or as makeup work, or used as springboards for class discussion and oral group presentations. In the *Instructor's Manual,* you will find helpful notes and suggestions for teaching the *Cuaderno* readings.

Expansión gramatical. Some additional grammar concepts, with verification exercises, have been placed in a section called **Expansión gramatical** at the end of the *Cuaderno de trabajo*. If you wish to present more grammar concepts than those included in the main text, the **Expansión** section will be very helpful.

Answer Key. At the end of the *Cuaderno* are answers to most written activities including the **Resumen cultural,** to all listening comprehension activities, to the spelling exercises, to the **Videoteca** activities, and to the **Comprensión** questions of the **Lecturas.** This Answer Key allows students to check their own work and to learn from their errors. You will find many open-ended and communicative activities in the *Cuaderno.* Answers to questions for which there is more than one correct response and for personalized activities are identified by the symbol ▲ or by the phrase *answers should be original.* In those cases we usually provide guidelines and suggestions, rather than specific answers. Students must allow for differences in content when checking answers to open-ended questions and activities. They should correct errors in form only.

Teaching the *Cuaderno*: Useful Suggestions

A Low-Stress Classroom Environment: Letting it Happen Naturally

Please remember that there is a close correlation between a low affective filter and successful language acquisition. Avoid placing undue stress on students about the *Cuaderno de trabajo* assignments. Help them to understand that the listening component is a source of additional comprehensible input, not a testing tool. Encourage students to consult you when problems arise. Remind them that they may listen multiple times but that, even so, it is not realistic to expect to comprehend everything they hear, nor is it necessary to answer every question correctly.

The *Actividades auditivas*: Helping Students to Listen

The listening comprehension activities are intended for use primarily as homework, but they can also be done in class. Try to do at least part of each **Paso** in class before you assign the remaining activities as homework. The brief introduction to students that follows ("To the Student") will help them complete the assignments for the **Pasos**. There are specific instructions and strategies included in that section, as well as suggestions for working with several **Actividades auditivas** from **Capítulo 2.** We recommend that you repeat this "training session" at some point between **Capítulos 2** and **4** and at the beginning of a new semester or quarter. It is also a good idea to review the procedure and listening techniques when you or your students feel that segments are starting to become more complicated.

Please note that although the speakers on the audio program will not speak at normal native speed, students often have the impression that the rate of speech is too fast. One reason for this is the lack of visual cues. Furthermore, the level of input in some segments is slightly above the students' current level of comprehension, which may cause some anxiety. To avoid concern, make sure students understand the role of the *Cuaderno* materials and know how to use them correctly. It is a good idea to finish most of the **Actividades de comunicación** of a given textbook chapter before assigning students to work independently on the **Actividades auditivas** of the *Cuaderno de trabajo*.

Pronunciation: Do Not Repeat after Me!

Students' pronunciation depends upon factors largely beyond the instructor's control, but with regular classroom experience students will generally develop pronunciation that is acceptable to most native speakers. We suggest that students at first be urged to concentrate on listening comprehension, rather than on pronunciation. The purpose of pronunciation exercises is not to provide rules for students to hear at the beginning of the course but to present a set of exercises in which certain problematic sounds are isolated.

Some instructors find it useful to assign a review of the **Pronunciación y ortografía** sections when starting the second semester (or second or third quarter). A few even recommend that students listen to the audio program for all previous chapters as a review. This experience is usually rewarding, since students who have covered five or six chapters find the texts from the initial chapters easy the second time around and are excited about their progress.

Measuring Students' Performance: That Is the Question . . . and the Answer

Since the answers are included in the *Cuaderno*, there remains the problem of how to keep students from copying. In our experience, the majority of students will not cheat unless the assignment proves excessively difficult. In spite of this, and since in an academic environment there is always a need to measure performance, we suggest that you use two or three of the items from each chapter in a short listening comprehension quiz. You may photocopy the corresponding worksheets from the *Cuaderno*, leaving out the vocabulary section, or you may write your own questions. Play each selection two or three times during the quiz. You will find that students who have done their homework honestly will do well on the quizzes and those who merely copied the answers will not.

To the Student

The *Cuaderno de trabajo* (workbook/laboratory manual) is intended for use outside the classroom. Its primary goal is to give you additional practice reading, writing, and listening to Spanish in a variety of meaningful contexts. The general organization of the *Cuaderno* follows that of your textbook: three preliminary **Pasos** (*steps*) and fifteen regular chapters. Each chapter provides **Actividades escritas** (*written activities*) and **Actividades auditivas** (*listening comprehension activities*) for every topic in the **Actividades de comunicación y lecturas** sections of *Dos mundos*, Fifth Edition.

The following chart highlights the most important features of the *Cuaderno de trabajo*.

	WHAT IS IT?	HOW WILL IT HELP?
Actividades escritas	Written activities usually done outside of class. Coordinated with the chapter theme, vocabulary, and grammar.	Allow you to express yourself in writing and let your instructor see your progress.
Resumen cultural	Written activities that review the cultural content in the main text. One activity per chapter.	Allow you to verify your knowledge and understanding of Hispanic culture.
Actividades auditivas	Listening activities for use outside of class. Most activities have comprehension questions.	Provide you with opportunities to listen to and acquire Spanish outside the classroom.
Ejercicios de pronunciación y ortografía	Recorded pronunciation and spelling exercises.	A simple introduction to Spanish spelling and pronunciation.
Videoteca	Written activities to accompany the **Videoteca** section of the text and the video.	Provide you with opportunities to work with and react to the video segments.
Lecturas	Additional readings; may be done in class, as homework, or read for pleasure.	Allow you to acquire more Spanish through additional reading.
Expansión gramatical	Additional grammar points with verification exercises, in the Appendix of the combined edition and of Part B of the split editions.	For reference or further study.
Answer Key	Answers to most of the **Actividades escritas**, the **Resumen cultural**, the recorded **Actividades auditivas**, the **Ejercicios de ortografía**, and the **Videoteca** activities.	Give you quick feedback on comprehension and written activities.

How to Get the Most Out of the *Cuaderno*

Actividades escritas. This section gives you the opportunity to express your own ideas in written Spanish on the topics covered in each chapter. When doing each activity, try to use the vocabulary and structures that you have acquired in the current chapter as well as those from previous chapters. The **Lea Gramática...** note will refer you to the specific grammar points that you need to review in the main text. You may also want to remember the following basic guidelines related specifically to the mechanics of the Spanish language:

- Include accent marks whenever they are needed. Accent marks are written directly over vowels: **á, é, í, ó, ú.** Note that when **i** has an accent it doesn't have a dot.
- Don't forget the tilde on the **ñ.** The **ñ** is a different letter from **n.**
- Include question marks (**¿** and **?**) to open and close questions.
- Include exclamation points (**¡** and **!**) before and after exclamations.

When you've finished the assignment, check your answers against the Answer Key in the back of the *Cuaderno.* Bear in mind that in many cases your answers should reflect your own life and experiences. Use the Answer Key to correct errors in form, not differences in content.

Resumen cultural. This section presents questions that review the cultural content from **Ventanas culturales, Lecturas, Notas culturales,** and the **¡OJO!** segments of the chapter. Use the Answer Key to correct your answers.

Actividades auditivas. This section is made up of worksheets to help you check your comprehension of recorded passages, including conversations, narratives, and advertisements. These passages provide you with more opportunities to listen to and understand spoken Spanish outside the classroom. They simulate real-life experiences, giving you exposure to authentic speech in a variety of contexts and to the different accents of the Spanish-speaking world.

The worksheets for each passage consist of the following:

- A list of useful vocabulary words, followed by their English translation, to aid comprehension
- A short introduction to the passage
- Tasks to help you verify whether you have understood the main ideas

Beginning with **Capítulo 1,** each section of **Actividades auditivas** opens with a segment called **Para empezar,** which reviews material from the previous chapter, and beginning with **Paso B,** each section closes with a segment called **¡A repasar!** (*Let's review!*), a cumulative activity that focuses on the general theme of the chapter.

The topics of the recorded passages are the same as those of the corresponding chapter of your textbook. You should try to work on a section of the *Cuaderno* activities after most of the textbook activities for the section have been done in class, that is, when you feel comfortable with the topics and vocabulary of the chapter.

Ejercicios de pronunciación. The *Cuaderno* includes a series of pronunciation exercises starting in **Paso A** and continuing through **Capítulo 10.** These exercises are designed to attune your ear to the differences between English and Spanish and to improve your Spanish pronunciation. These **Ejercicios** group words you already know so you can practice the pronunciation of a particular sound they have in common. First, an explanation of the pronunciation of the sound is given, followed by examples for you to repeat aloud.

Keep the following suggestions and facts in mind when doing these exercises.

- Your goal is to develop a feel for good pronunciation in Spanish, not to memorize pronunciation rules.
- Most people achieve good pronunciation in a new language by interacting in a normal communicative situation with native speakers of that language.
- The more spoken Spanish you hear, the more you will become used to the rhythm, intonation, and sound of the language.
- Do not attempt to pay close attention to details of pronunciation when you are speaking Spanish; it is far more important to pay attention to the ideas you are trying to express.

Ejercicios de ortografía. These exercises consist of spelling rules and examples, followed by dictation exercises. You will be familiar with the words in these dictation exercises from the communicative activities done in class. Again, the idea is not to memorize a large number of spelling rules but rather to concentrate on items that may be a problem for you. These spelling exercises continue through **Capítulo 14.** Remember to check the answers in the back of the *Cuaderno* when you have completed the exercises.

Lecturas. Starting with **Capítulo 1,** each chapter of the *Cuaderno de trabajo* contains a section called **Lecturas.** The readings in this section correspond to the same categories as those in the textbook. We recommend that you read as many of them as possible, since reading is a skill that can help you acquire Spanish. The more Spanish you read, the more Spanish you will be able to understand and speak. Keep the following suggestions and facts in mind when working with the readings.

- Reading is not translation. If you are looking up a lot of words and translating into English as you go, you are not really reading.
- Most of the readings in the *Cuaderno* are for practice in extensive reading; that is, reading for the main idea and using context and common sense to guess the meaning of words you don't know.
- Many of the words and phrases in these readings have appeared in classroom activities. Some words are included in the **Vocabulario útil** list. You do not need to learn these; just use them to help you understand what you're reading.
- There will also be some words that you will not have seen before and that are not part of the vocabulary list. Try to understand the gist of the reading without looking up such words. Chances are that you can guess their meaning from context or that you don't need to know their meaning to understand the general idea of the reading.

Your instructor will ask you to do some of the **Lecturas** at home so you can discuss them in class. The better you prepare yourself, the more you will learn from these discussions and the more Spanish you will acquire. Be adventurous. Try your hand at the different types of questions and post-reading activities. Let your reading be an enjoyable experience!

The Cast of Characters. Many activities and exercises in *Dos mundos* and the *Cuaderno de trabajo* feature a cast of characters from different parts of the Spanish-speaking world. There are two main groups: **Los amigos norteamericanos** and **Los amigos hispanos.** Please refer to your textbook, pages xxxiv–xxxv, for a presentation of these characters.

The Video. The Fifth Edition of *Dos mundos* features a two-hour video, filmed on location in Mexico, Ecuador, and Spain. You will find an introduction to the vignette in the **Videoteca** section of **En resumen,** at the end of the **Actividades de comunicación y lecturas** sections of the textbook. Each chapter video segment also includes a cultural montage on one of the twenty-one countries in the Spanish-speaking world in addition to the two- to three-minute vignette.

The **Videoteca** sections of this *Cuaderno* provide you with a variety of viewing activities. Each activity provides:

- A list of useful new vocabulary
- A synopsis of the segment
- Comprehension questions with varying formats

Featured throughout the video are many main and supporting characters. Please refer to your textbook, page xxxvi, for an introduction to these characters.

Helpful Symbols. We have included three icons to identify each section of the *Cuaderno*:

 This icon appears at the beginning of the written activities section and next to written activities that require you to write an essay on a separate sheet of paper.

 This icon indicates that it is time to listen to the audio program.

 This icon identifies activities for the *Video to accompany Dos mundos.*

Strategies for the *Actividades auditivas*

Basic Strategies

Although you may listen to the audio program as many times as you consider necessary, you should not listen over and over until you understand every single word. Your goal should be to reach an acceptable—not perfect—level of comprehension. Listening to the segments several times can be helpful, but if you listen repeatedly when you're not ready, you will be frustrated. The following strategies will minimize that frustration and maximize your comprehension.

- Listen for key words. Key words are those you are acquiring or have acquired in class up to this point, plus those given in the vocabulary list at the beginning of each segment to which you will be listening.
- Pay close attention to the context.
- Make educated guesses whenever possible.

Pressure is your worst enemy when doing these assignments. Whenever you are stressed, if a problem arises, you will tend to think that the material is too difficult or that you are not as good a student as you should be; more often than not, however, extraneous factors are to blame. Here are some frequent causes of frustration.

- Poor planning. Waiting to do the assignment until just before it is due, or not allowing sufficient time to complete it without rushing.
- Listening to a segment without adequate preparation.
- Listening over and over, even when you have followed the correct procedure. If you are feeling lost, a more effective remedy is to stop the audio program and go over the particular topic as well as the related vocabulary in your textbook.
- Unrealistic expectations. Often students expect to understand everything after listening to a segment once or twice. Don't forget that listening to an audio program is always different from listening to a person. When you listen to a radio talk show or to a song for the first time, even in you own language, you don't always grasp everything you hear.

Specific Strategies

The following strategies will help you increase your comprehension. In time, you will develop your own strategies for working with this material.

- First, find a comfortable, well-lit place—one where you can listen and write comfortably, without interruptions. Make sure you have the audio controls as well as the *Cuaderno* within easy reach.
- Do not start until you are thoroughly familiar with the mechanism of the audio player and feel comfortable using it.
- Open your *Cuaderno* and find the segment you will be listening to. Look at the accompanying drawing(s) and make a mental note of what's depicted, then read everything that is printed for the segment. In addition to helping you determine what is expected of you, this procedure will aid you in "creating" a context.
- Relax while listening. Let your mind create scenes that correspond to what you're hearing, and listen just to enjoy the exposure to the spoken language. This additional exposure will result in increased confidence in real-life situations.

In order to help you derive the most benefit from the **Actividades auditivas,** your instructor will play several of the recorded segments in the classroom. He or she will go over, clarify, and amplify the directions you have just read, to make sure you've grasped the procedure you need to follow.

Strategies for Sample Activities

Let's work with four listening comprehension activities from **Capítulo 2.** We hope the following strategies will help you get the most out of these segments, now that the material is more advanced. Note that after you do the **Actividades auditivas,** you can check you answers in the Answer Key at the end of the *Cuaderno.*

Los horarios de Mónica y Pablo (p. 64). The illustration tells you that Mónica and Pablo are enjoying their conversation. The key word **horario** and the two tables that follow reveal that they are talking about class schedules. Since your task is to complete the class schedules, you know you have to listen for classes and times. To avoid stress, make sure you attempt to complete only one schedule at a time. Do Mónica's first.

- You need to listen for the days on which Mónica has classes.

- Since you know most students usually have the same classes on two or three different days, when you hear Mónica say **lunes, miércoles y viernes,** you know now that you only have to concentrate on listening for the times and the classes.

- You also know that you can fill out Monday as you listen and then go back and add the same information for Wednesday and Friday after you have stopped the audio player.

- Make it even easier for yourself by writing only the first three or four letters of each class while listening; then go back and complete the words once you have stopped the audio player.

- Follow the same procedure for Mónica's Tuesday/Thursday schedule, and for all of Pablo's schedule.

El Hotel Miramar (p. 65). Get into the habit of making sure you know what to listen for before you start the audio program. The task for this particular segment is to listen to the ad and decide whether the activities listed (1–8) can be done at the Hotel Miramar.

- Now that you know what you have to do, take a few seconds to map out a strategy.

- Set a simple goal for yourself, such as listening just for every even-numbered activity (2, 4, 6, 8). Then once you start listening, concentrate on those activities only.

- Now listen again and do the same for the odd-numbered activities.

- You can listen again if you are not sure about any of them.

¡Vamos al cine! (p. 65). After reading what is printed and looking at the illustration, you realize that this one has few easy clues. You know that two people, Nora and Raúl, are talking after class; you know that one doesn't have a class at 10:00, and that one prefers to study, and so on. Also, from the title and from question number 5 you can predict that at least one of these people will go to the movies. But wait! It isn't as difficult as you thought.

- The directions say you merely have to determine who makes the statements listed.

- Don't attempt to do everything the first time you listen to the segment.

- Plan on listening at least three times—once to focus on the even numbers (2, 4, 6), a second time to focus on the odd numbers (1, 3, 5), and a third time to check your work.

El pronóstico del tiempo (p. 66). The drawing for this segment shows a radio announcer. The map behind her suggests that this is either a newscast or a weather forecast. The title helps you determine that you will be listening to a weather forecast. Look at what is expected of you.

- You need to decide what to wear, since you are going to travel to the cities listed.

- By now it is clear the announcer won't tell you what items of clothing you will need. You have to determine what is appropriate by listening to her weather report.

- Note that there are articles of clothing listed above the city names. You can make it easier on yourself by using your knowledge of vocabulary (clothes and weather) to write the weather associated with each article; **frío** with **abrigo,** for instance.

- You should now set a goal for yourself. The first time you listen you will focus on even-numbered cities only, and plan to write the weather of each city in the left margin. The second time around, plan to do odd-numbered cities, and again write the weather in the left margin.

- If you need to, listen a third and a fourth time to make sure you have the right weather next to the right city.

- Stop the audio program and look at the weather for each city and at the weather you associated with each article of clothing, and quickly match them.

These are some strategies that students have reported to be helpful. No doubt you will pick the ones that work best for you and/or the ones most appropriate for the different types of recorded passages. Predictably, you will also soon develop some of your own strategies. Once you have done several assignments, you will notice that you feel more comfortable with them. At this point it is a good idea to go back and listen to the audio program for chapters you've completed. You will realize how much progress you have made.

We hope that this section has made you aware of the importance of planning ahead and mapping out the most effective strategies before attempting a task. After some practice you will be so familiar with the process that it will become automatic. Let the *Cuaderno* work for you. It can help you in your real-life interactions with native speakers of Spanish!

ABOUT THE AUTHORS

Tracy D. Terrell (*late*) received his Ph.D. in Spanish linguistics from the University of Texas at Austin and published extensively in the areas of Spanish dialectology, specializing in the sociolinguistics of Caribbean Spanish. Professor Terrell's publications on second language acquisition and on the Natural Approach are widely known in the United States and abroad.

Magdalena Andrade received her first B.A. in Spanish/French and a second B.A. in English from San Diego University. After teaching in the Calexico Unified School District Bilingual Program for several years, she taught elementary and intermediate Spanish at both San Diego State and the University of California, Irvine, where she also taught Spanish for Heritage Speakers and Humanities Core Courses. Upon receiving her Ph.D. from the University of California, Irvine, she continued to teach there for several years and also at California State University, Long Beach. Currently an instructor at Irvine Valley College, Professor Andrade has co-authored *Mundos de fantasía: Fábulas, cuentos de hadas y leyendas* and *Cocina y comidas hispanas* (McGraw-Hill) and is developing two other language books.

Jeanne Egasse received her B.A. and M.A. in Spanish linguistics from the University of California, Irvine. She has taught foreign language methodology courses and supervised foreign language and ESL teachers in training at the University of California, Irvine. Currently, she is an instructor of Spanish and coordinates the Spanish Language Program at Irvine Valley College. In addition, Professor Egasse leads children's literature circles and read-aloud sessions at a local public school. She also serves as a consultant for local schools and universities on implementing the Natural Approach in the language classroom. Professor Egasse is co-author of *Cocina y comidas hispanas* and *Mundos de fantasía: Fábulas, cuentos de hadas y leyendas* (McGraw-Hill).

Elías Miguel Muñoz is a Cuban American poet and prose writer. He has a Ph.D. in Spanish from the University of California, Irvine, and he has taught language and literature at the university level. He is the author of *Viajes fantásticos, Ladrón de la mente,* and *Isla de luz* (all by McGraw-Hill), titles in The Storyteller's Series of Spanish readers, which he created in collaboration with Stephen Krashen. Dr. Muñoz has published four other novels and two poetry collections. His stories, poems, and essays have appeared in numerous anthologies, including W. W. Norton's *New Worlds of Literature.* An entry on Muñoz's creative work also appears in Continuum's *Encyclopedia of American Literature.* The author resides in California with his wife and two daughters.

La clase y los estudiantes

Actividades escritas

✳ Los mandatos en la clase

Lea Gramática A.1.

NOTE: Notes like the one above appear throughout the **Actividades escritas** to indicate which grammar topics you may want to review before doing a particular group of exercises. You may want to turn to those sections for help while working.

A. Look at the drawings and then write the command that you think Professor Martínez gave the students.

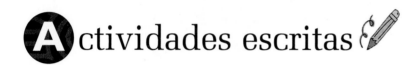

bailen	canten	escriban	lean	salten
caminen	corran	escuchen	miren	saquen un bolígrafo

1. ————————————————————   2. ————————————————————

3. _____   4. _____

5. _____   6. _____

✳ Los nombres de los compañeros de clase

Lea Gramática A.2.

B. Complete these statements by writing the name of one of your classmates who fits the description.

1. ¿Cómo se llama una persona que tiene el pelo rubio y rizado? Se llama _____.

2. ¿Cómo se llama una persona alta? Se llama _____.

3. ¿Cómo se llama una persona que lleva lentes? Se llama _____.

4. ¿Cómo se llama un(a) estudiante que es muy guapo/bonita? Se llama _____.

5. ¿Cómo se llama un estudiante que tiene barba o bigote? Se llama _____.

✳ ¿Quién es?

Lea Gramática A.3–A.4.

C. Identify the drawings on page 3. Use **es** or **son.**

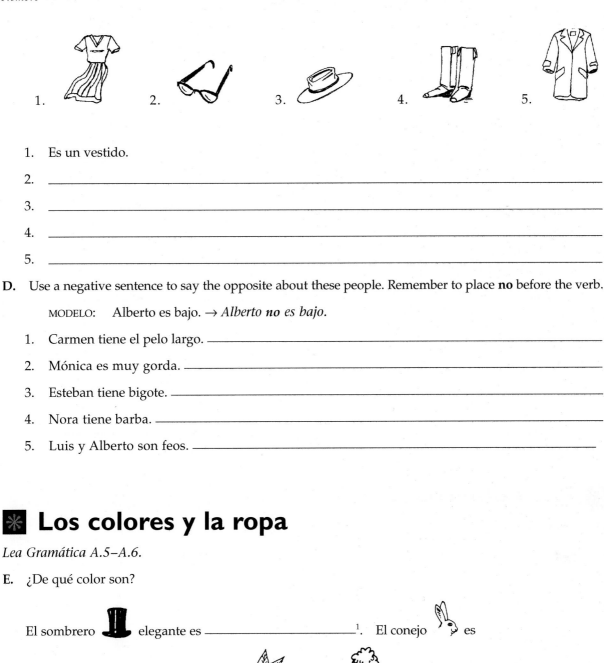

1. Es un vestido.

2. _____

3. _____

4. _____

5. _____

D. Use a negative sentence to say the opposite about these people. Remember to place **no** before the verb.

MODELO: Alberto es bajo. → *Alberto **no** es bajo.*

1. Carmen tiene el pelo largo. _____

2. Mónica es muy gorda. _____

3. Esteban tiene bigote. _____

4. Nora tiene barba. _____

5. Luis y Alberto son feos. _____

✳ Los colores y la ropa

Lea Gramática A.5–A.6.

E. ¿De qué color son?

El sombrero 🎩 elegante es _____¹. El conejo 🐰 es

_____². Las hojas 🍃 del árbol 🌳 son _____³. El

limón 🍋 es _____⁴. Las uvas 🍇 son _____⁵ o

_____⁶. La bandera 🏴 de los Estados Unidos es

_____⁷, _____⁸ y _____⁹.

F. Think of the clothing you own and then write a sentence matching your clothing with a description. Use **mi** (singular) and **mis** (plural) for *my*. Use more than one word for each description.

MODELOS: (el) vestido → *Mi vestido es blanco y largo.*

(las) corbatas → *Mis corbatas son nuevas y bonitas.*

(las) blusas	nuevo/a, viejo/a
(las) camisas	bonito/a, feo/a
(las) faldas	largo/a, corto/a
(las) botas	blanco/a, negro/a
(la) chaqueta	grande, pequeño/a
(el) saco	verde, gris, azul, etcétera
(el) suéter	anaranjado/a, rojo/a, etcétera
(el) vestido	
(el) abrigo	
(los) pantalones	

es/son

1. _____

2. _____

3. _____

4. _____

5. _____

6. _____

✳ Los números (0–39)

Lea Gramática A.7.

G. Fill in the missing vowels to form a word. In the circle to the right write the number that corresponds to the word.

MODELO: T R _E_ C _E_ ⑬

1. D __ C __ ◯

2. Q __ __ N C __ ◯

3. V __ __ N T I C __ __ T R __ ◯

4. T R __ __ N T __ y C __ N C __ ◯

5. __ C H __ ◯

Now check your work by adding the numbers in the circles. (Do not include the **modelo.**) The total should be **94.**

✳ Los saludos

H. Complete the dialogues with the following words or phrases: **cansado, Cómo se llama, gracias, Igualmente, Me llamo, Mucho, usted.**

CARMEN: Hola, me llamo Carmen. ¿_____ ___ _____¹ usted?

ESTEBAN: ___ _____² Esteban. _____³ gusto.

CARMEN: _____⁴.

ALBERTO: Buenos días, profesora Martínez. ¿Cómo está _____⁵?

PROFESORA: Muy bien, _____⁶. ¿Y usted?

ALBERTO: Un poco _____⁷.

▷ REPASO DE PALABRAS Y FRASES ÚTILES

Complete these conversations by choosing the most logical word or phrase from the list that follows.

Cómo	Cómo se llama	gracias	Hasta luego
Me llamo	Mucho gusto	Muy	Y usted

1.

2.

3.

4.

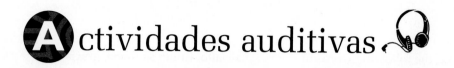ctividades auditivas

❋ Los mandatos en la clase

A. Los mandatos en la clase de español. You will hear part of Professor Martínez's 8:00 A.M. Spanish class at the University of Texas in San Antonio. The students are participating in a Total Physical Response activity.

VOCABULARIO ÚTIL

ahora   *now*
«Cielito lindo»   *popular Spanish song*

La profesora Martínez le da instrucciones a su clase de español.

Professor Martínez's commands to the class are out of sequence. Number the commands from 1 to 8 in the order that you hear them.

—— Caminen.

—— Canten «Cielito lindo».

—— Corran.

—— Miren arriba.

—— Pónganse de pie.

—— Siéntense.

—— Digan «¡hola!».

—— Bailen.

❋ Los nombres de los compañeros de clase

B. Los amigos. Professor Martínez is asking the students their names.

VOCABULARIO ÚTIL

pregunta   *asks*

La profesora Martínez les pregunta su nombre a los estudiantes.

Listen to the dialogue between Professor Martínez and her students and write the names they mention in the order in which they are mentioned.

Students' names out of order: **Mónica, Nora,** and **Esteban.**

1. ——————— 2. ——————— 3. ———————

✳ ¿Quién es?

C. ¡Muchos estudiantes! Alberto is a new student in Professor Martínez's Spanish class. He doesn't know the names of all his classmates yet, so Carmen is trying to help him.

VOCABULARIO ÚTIL

conversan   *they are talking*
Pues…   *Well . . .*
estatura mediana   *medium height*

Alberto y Carmen conversan en la clase de español.

Write the names of the people described.

The names out of order are: **Luis, Mónica, Nora,** and **Esteban.**

1. La chica de pelo rubio se llama ———————.

2. El muchacho que lleva lentes es ———————.

3. La muchacha de estatura mediana y pelo castaño se llama ———————.

4. El muchacho de pelo rizado y negro es ———————.

✳ Los colores y la ropa

D. ¿Qué ropa lleva? Nora and Esteban are talking about the clothes that the other students and Professor Martínez are wearing today.

VOCABULARIO ÚTIL

hablan   *they are talking*
pero   *but*
¡Es muy elegante!   *It's very elegant!*

Nora y Esteban hablan de la ropa que llevan los estudiantes y la profesora.

Listen to the conversation and then indicate whether the following statements are true or false (**cierto [C] o falso [F]**).

1. ——— Lan lleva una blusa rosada.

2. ——— Alberto lleva pantalones grises y una camisa anaranjada.

3. ——— Luis lleva una chaqueta morada.

4. ——— La profesora Martínez lleva un abrigo azul muy feo.

✳ Los números (0–39)

E. ¿Cuántos estudiantes? Today in Professor Martínez's class the students are counting the number of students wearing the same color clothing.

VOCABULARIO ÚTIL

cuentan   *they are counting*
mismo   *the same*

La profesora Martínez y los estudiantes de español cuentan las personas que llevan ropa del mismo color.

Indicate the number of students wearing each article of clothing mentioned.

1. ——— estudiante(s) lleva(n) blusa blanca.

2. ——— estudiante(s) lleva(n) camisa azul.

3. ——— estudiante(s) lleva(n) pantalones de color café.

4. ——— estudiante(s) lleva(n) zapatos de tenis.

5. ——— estudiante(s) lleva(n) botas.

F. Los números. Professor Martínez is dictating numbers to her class today. Esteban is having problems understanding and asks her to repeat some numbers.

VOCABULARIO ÚTIL

¿Listos?   *Ready?*
Perdón   *Pardon me*
Más   *More*

La profesora Martínez practica los números con su clase de español.

Listen to the interaction and write the numbers Professor Martínez dictates.

___ *9* ___ *26* ___ ___ *23* ___ ___

✳ Los saludos

G. Los saludos. Professor Martínez is greeting her students.

VOCABULARIO ÚTIL

saluda   *she greets*
¡Qué bueno!   *Wonderful!*
siempre   *always*

La profesora Martínez saluda a sus estudiantes.

❖ ❖ ❖

¿Cierto (**C**) o falso (**F**)?

1. _____ La profesora les dice «Buenos días» a los estudiantes.

2. _____ La profesora no está bien hoy.

3. _____ Luis está muy bien, y Mónica, excelente.

4. _____ Esteban siempre está muy mal.

H. Las despedidas. Professor Martínez is saying goodbye to her students.

VOCABULARIO ÚTIL

Hasta mañana   *See you tomorrow*
Hasta pronto   *See you soon*
¡Nos vemos!   *We'll see you!*
¿Cómo se dice… ?   *How do you say . . . ?*
¡Hasta la próxima!   *Catch ya later!*

La profesora Martínez se despide de sus estudiantes.

❖ ❖ ❖

Listen to the dialogue and number the «goodbyes» in the order that you hear them.

_____ ¡Hasta la próxima!   _____ Nos vemos.   _____ Hasta pronto.

_____ ¡Hasta mañana!   _____ Adiós.   _____ Hasta luego.

Pronunciación y ortografía

Pronouncing and Writing Spanish: Preliminaries

NOTE: In this section of the text (and in **Ejercicios de pronunciación** and **Ejercicios de ortografía**), only the actual exercise material will be heard on the audio program. You should stop and read the introductions before doing the exercises.

Here are some preliminary pronunciation rules to help you pronounce Spanish words. They will be especially useful if you need to pronounce a word you have not heard yet. Each rule will be explained in more detail in subsequent pronunciation and orthographic exercises.

I. VOWELS

The Spanish vowels are **a, e, i, o,** and **u.** They are pronounced as very short crisp sounds. Do not draw them out as sometimes happens in the pronunciation of English vowels. The following vowel sounds are approximate equivalents.

	SPANISH	ENGLISH
a	c_a_sa	f_a_ther
e	p_e_lo	w_ei_ght
i	s_í_	ch_ee_p
o	com_o_	wr_o_te
u	m_u_cho	L_u_ke

II. CONSONANTS

The pronunciation of most Spanish consonants is close to that of English. However, Spanish sounds are never exactly the same as English sounds. For this reason the following rules are offered only as guidelines.

A. The pronunciation of these consonants is almost identical in Spanish and English.

	SPANISH	SOUNDS LIKE ENGLISH		SPANISH	SOUNDS LIKE ENGLISH
ch	_ch_ile	_ch_ili	n	_n_o	_n_o
f	_f_uente	_f_ountain	p	_p_atio	_p_atio
l	_l_ámpara	_l_amp	s	_s_opa	_s_oup
m	_m_apa	_m_ap	t	_t_iempo	_t_ime

B. These consonants have more than one pronunciation in Spanish, depending on the letter that follows.

	SPANISH	SOUNDS LIKE ENGLISH	ENGLISH MEANING
c	_c_arro	_k_ before **a, o, u**	car
c	_c_írculo	_s_, or _c_ before **e, i***	circle
g	_g_eneral	_h_ followed by **e, i**	general
g	_g_as	_g_ followed by **a, o, u**, pronounced softer than in English	gas (_element_)
x	ta_x_i	_ks_ before a vowel	taxi
x	e_x_perto	_s_ before a consonant	expert

C. The sounds of these Spanish consonants are almost identical to sounds in English that are represented by different letters.

	SPANISH	SOUNDS LIKE ENGLISH	ENGLISH MEANING
q	_q_ué	_k_ when followed by **ue, ui**; never _kw_	what
z	_z_oológico	_s_; never **z***	zoo

---

*In parts of Spain, **c** before **e** or **i** and **z** are pronounced like the English _th_.

D. The sounds of these Spanish consonants are similar to English sounds that are represented by different letters.

	SPANISH	SOUNDS LIKE ENGLISH	ENGLISH MEANING
d	pa<u>d</u>re	*fa<u>th</u>er*	*father*
j	<u>j</u>a <u>j</u>a	*<u>h</u>a <u>h</u>a*	*ha ha*
ll	<u>ll</u>ama	*<u>y</u>es*	*call(s)*
ñ	ca<u>ñ</u>ón	*ca<u>ny</u>on*	*canyon*

E. These Spanish sounds have no close or exact English equivalents.

	SPANISH	PRONUNCIATION	ENGLISH MEANING
b, v	ca<u>b</u>eza	Similar to English *b* but	*head*
	ca<u>v</u>ar	softer; lips do not always	*to dig*
		close. No difference	
		between *b* and *v*	
		in Spanish	
r	pa<u>r</u>a	Single tap of the tongue	*for*
rr	pe<u>rr</u>o	Trill	*dog*

F. In Spanish **h,** and **u** in the combination **qu,** are always silent.

	SPANISH	ENGLISH MEANING
h	ḫablar	*to talk*
u *in* qu	qu̶e	*that*

✳ Ejercicios de pronunciación

RHYTHM AND INTONATION

A. Listen to the sentences in the following dialogues and note the difference between English stress-timed rhythm and Spanish syllable-timed rhythm. Note especially that each syllable in Spanish seems about equal in length when pronounced.

Hello, how are you?
Fine, thanks. And you?
I'm fine. Are you a friend of Ernesto Saucedo?
Yes, he's a very nice person and also very intelligent.

Hola, ¿cómo está usted?
Muy bien, gracias. ¿Y usted?
Estoy bien. ¿Es usted amigo de Ernesto Saucedo?
Sí, es una persona muy simpática y muy inteligente también.

B. Listen and then pronounce the following sentences. Concentrate on making the syllables equal in length.

1. Carmen lleva una chaqueta azul.
2. Luis tiene el pelo negro.
3. La profesora Martínez es muy bonita.
4. Alberto lleva una camisa verde.
5. Los pantalones de Nora son blancos.

Las descripciones

ctividades escritas

✳ Hablando con otros

Lea Gramática B.1–B.2.

A. Complete estos diálogos. Use **tú** o **usted** y **está** (polite) o **estás** (informal).

1. Dos amigos, Alberto y Nora, están en la universidad.

ALBERTO: Hola, Nora. ¿Cómo _____?

NORA: Bien, Alberto. ¿Y _____?

ALBERTO: Muy bien, gracias.

2. Esteban, un estudiante, y la profesora Martínez están en la oficina.

PROFESORA MARTÍNEZ: Buenos días, Esteban. ¿Cómo _____ _____?

ESTEBAN: Muy bien, profesora Martínez. ¿Y _____?

PROFESORA MARTÍNEZ: Bien, gracias.

3. El señor Pedro Ruiz habla con Ernestito, un niño pequeño.

SEÑOR RUIZ: Hola, Ernestito. ¿Cómo _____?

ERNESTITO: Bien, gracias. ¿Y _____?

SEÑOR RUIZ: Muy bien, gracias.

✳ Las cosas en el salón de clase

Lea Gramática B.3–B.4.

B. Diga qué cosas hay en su salón de clase y cómo son. Aquí tiene usted algunas palabras útiles.

blanco/a	fácil	moderno/a	pequeño/a
bonito/a	feo/a	negro/a	verde
difícil	grande	nuevo/a	viejo/a

MODELO: Hay una pizarra verde.

1. *Hay* _____

2. _____

3. _____

4. _____

5. _____

✳ El cuerpo humano

Lea Gramática B.5.

C.   Complete correctamente.

1.   En la _____ tenemos los _____, la _____ y

la _____ .

2.   En la _____ tenemos el _____ y dos

_____ .

3.   En el _____ tenemos la _____, el

_____, los _____, las _____,

las _____ y los _____ .

✳ La descripción de las personas

Lea Gramática B.6.

D.   Describa a dos personas de su familia o a dos compañeros de clase, un hombre y una mujer.

MODELO: Mónica lleva un suéter amarillo y zapatos de tenis. Es alta. Tiene el pelo rubio y los ojos azules. Es inteligente y simpática.

Remember to use **tiene** (*has*) and **es** (*is*) with descriptions and **lleva** (*is wearing*) with clothing. Here are some words and phrases you might want to use.

tiene: pelo largo, pelo corto, pelo castaño, pelo rubio, pelo negro; ojos azules, ojos verdes, ojos castaños; barba, bigote

lleva: pantalones cortos, una falda nueva, un vestido bonito, una blusa blanca, zapatos de tenis

es: divertido/a, trabajador(a), reservado/a, generoso/a, tímido/a, entusiasta, idealista

1. _____

_____

_____

_____

_____

_____

2. _____

_____

_____

_____

_____

_____

▶ REPASO DE PALABRAS Y FRASES ÚTILES

Complete estas conversaciones con la palabra o frase apropiada según la situación.

Cuánto cuesta(n)…	gracias	tímido/a
divertido/a	perezoso/a	trabajador(a)

1.

2.

3.

4.

5.

6.

Actividades auditivas 🎧

✴ Hablando con otros

A. Conversaciones en la universidad. Listen to the following short conversations at the University of Texas in San Antonio. Note that some speakers are using polite (**usted**), and others are using informal (**tú**) forms of address.

VOCABULARIO ÚTIL

Varias   *A few*
El secretario   *secretary*
los perros   *dogs*
Tengo   *I have*

Varias conversaciones en la Universidad de Texas en San Antonio

Indicate whether each conversation is formal or informal by writing **tú** or **usted.**

1. ____ el secretario y la profesora Martínez

2. ____ el profesor López y la profesora Martínez

3. ____ los estudiantes Alberto Moore y Esteban Brown

4. ____ la profesora Martínez y su estudiante, Esteban

B. Los vecinos. Ernesto Saucedo is greeting Mrs. Silva, one of his neighbors.

VOCABULARIO ÚTIL

hoy *today*
¡Qué amable! *How nice of you!*

Ernesto Saucedo saluda a su vecina, la señora Rosita Silva.

Listen to the dialogue and indicate which character is described by the following phrases: Ernesto (**E**), doña Rosita (**R**), or both (**los dos [LD]**).

1. ____ Lleva un vestido azul.

2. ____ Su corbata es elegante.

3. ____ Está bien.

4. ____ Es amable.

✳ Las cosas en el salón de clase y los números (40–69)

C. El primer día de clase. Ernestito is the eight-year-old son of Ernesto and Estela Saucedo. He has just returned from his first day at school this fall; his mother is asking about his classroom and the objects in it.

VOCABULARIO ÚTIL

la escuela *school*
todos *all*
tienen *have*
tenemos *we have*
la maestra *teacher*

Estela Ramírez de Saucedo habla con su hijo Ernestito de su primer día en la escuela.

Indicate which items are found in Ernestito's classroom by writing **Sí** or **No** under each drawing.

1. ____

2. ____

3. ____

4. ____

5. ____

6. ____

7. ____

8. ____

9. ____

10. ____

11. ____

12. ____

D. Las cosas en el salón de clase. Professor Martínez has asked the class to number drawings of classroom objects. Esteban has trouble following her instructions and asks for help.

VOCABULARIO ÚTIL

los dibujos   *drawings*
debajo de   *underneath*
finalmente   *finally*

La profesora Martínez habla de las cosas en el salón de clase.

Write the numbers that Professor Martínez says in the blank below the appropriate drawing.

_____   _____   _____   _____   _____

✳ El cuerpo humano

E. Una actividad… ¡diferente! The students in Professor Martínez's class are doing a TPR activity.

VOCABULARIO ÚTIL

¡Alto! *Stop!*
Tóquense *Touch*
pónganse *put*
rápidamente *quickly*

La profesora Martínez le da instrucciones a su clase de español.

Listen to what Professor Martínez says and number the parts of the body in the order that she mentions them in this TPR sequence.

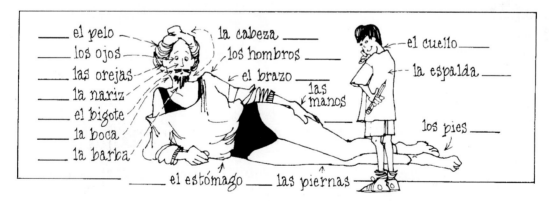

✳ La descripción de las personas

F. El estudiante francés. Nora and Mónica are talking about the new French foreign exchange student at the university.

VOCABULARIO ÚTIL

¡Qué romántico! *How romantic!*
Es verdad *That's true*
¡Qué lástima! *What a pity!*

Nora y Mónica hablan de un estudiante francés.

❖ ❖ ❖

¿Cierto (**C**) o falso (**F**)?

1. ＿＿＿ El chico se llama Pierre.

2. ＿＿＿ Él es alto y delgado.

3. ＿＿＿ Jean Claude habla francés y español.

4. ＿＿＿ El (idioma) francés es muy romántico.

G. ¿Quién en la clase… ? Professor Martínez is showing pictures to her class. She describes the people in the pictures and some of the students.

VOCABULARIO ÚTIL

las láminas *pictures*
esta *this*
divertido *fun*
hace preguntas *asks questions*

La profesora Martínez describe láminas en la clase.

❖ ❖ ❖

Match the following people with their description in the dialogue. There may be more than one answer.

1. ＿＿＿ Alberto

2. ＿＿＿ Mónica

3. ＿＿＿ Esteban

a. artística
b. cómica
c. tiene ojos azules
d. alto, delgado
e. divertido
f. hace preguntas
g. tiene barba

✳ ¡A repasar!

H. Carmen necesita ropa nueva. Carmen Bradley is shopping at a store in a Hispanic neighborhood. She is trying to practice her Spanish by asking the clerk about prices.

VOCABULARIO ÚTIL

la tienda de ropa   *clothing store*
el vecindario hispano   *Hispanic neighborhood*
¿En qué puedo servirle?   *How may I help you?*
¿cuánto cuesta?   *how much does it cost?*
los precios   *prices*

Carmen Bradley está en una tienda de ropa en un vecindario hispano. Ella pregunta cuánto cuesta la ropa.

Answer the following questions.

1. ¿Cuánto cuesta la falda blanca?   Cuesta $_____.

2. ¿Es grande o pequeña la blusa roja?   Es _____.

3. ¿Cuánto cuesta el vestido azul?   Cuesta $_____.

4. ¿Es corto o largo el vestido?   Es _____.

5. ¿Cómo es la ropa de la tienda?   Es muy _____.

Pronunciación y ortografía

✳ **Ejercicios de pronunciación**

VOWELS

A. Vowels in Spanish are represented by five letters: **a, e, i, o,** and **u**. Listen to the vowel sounds in these words.

a	mes<u>a</u>, l<u>a</u>rgo, <u>a</u>zul, <u>a</u>brigo	o	man<u>o</u>, pel<u>o</u>, c<u>o</u>rto, roj<u>o</u>
e	caf<u>é</u>, clas<u>e</u>, n<u>e</u>gro, muj<u>e</u>r	u	l<u>u</u>z, bl<u>u</u>sa, m<u>u</u>cho, g<u>u</u>sto
i	s<u>í</u>, t<u>i</u>za, l<u>i</u>bro, r<u>i</u>zado		

All of the vowels in Spanish are relatively short, unlike the vowels in English. English has both short vowels (as in the words *hit, pet, sat, but*) and long vowels (as in the words *he, I, ate, who, do*). Notice that in English the word *go* is pronounced like *gow* and the word *late* as if it were *layte*. Such lengthening of vowel sounds, typical in English, does not occur in Spanish.

B. Listen and compare the following English and Spanish vowel sounds.

ENGLISH	SPANISH		ENGLISH	SPANISH
day	de		low	lo
say	sé		mellow	malo

C. Listen and then repeat the following words. Concentrate on producing short vowel sounds in Spanish.

a   tarde, amiga, camisa, mano, llama
e   camine, cante, pelo, presidente, generoso
i   idealista, inteligente, bonita, simpático, tímido
o   noche, compañero, ojo, otro, como, boca
u   pupitre, azul, su, usted, blusa

D.   Now listen and pronounce the following sentences. Remember to produce short vowels and use syllable-timed rhythm.

1.   Esteban es mi amigo.
2.   Yo tengo dos perros.
3.   Mi novio es muy guapo.

4.   Nora es muy idealista.
5.   Usted es una persona reservada.

✳ Ejercicios de ortografía[1]

INTERROGATIVES: ACCENT MARKS

When writing question words (*who?*, *where?*, *when?*, *why?*, *how?*) in Spanish, always use question marks before and after the question and write an accent mark on the vowel in the stressed syllable of the question word.

Listen and then write the question words you hear beside the English equivalents.

1.   How? _____
2.   What? _____
3.   Who? _____

4.   How many? _____
5.   Which? _____

---

[1]Ejercicios… *Spelling Exercises*

Mi familia y mis amigos

 Actividades escritas

✳ La familia

Lea Gramática C.1, especialmente las secciones *B* y *C*.

A. Complete las oraciones con los nombres apropiados.

1. Los padres de mi padre (mis abuelos) se llaman _____ y
   _____ .

2. Los padres de mi madre (mis otros abuelos) se llaman _____ y
   _____ .

3. Mi padre se llama _____ .

4. Mi madre se llama _____ .

5. El hermano / La hermana de mi padre (mi tío/a) se llama _____ . Es
   _____ (casado/a, soltero/a). Tiene _____ hijos (mis primos). Se
   llaman _____ .

6. El otro hermano / La otra hermana de mi padre (mi tío/a) se llama _____ y
   es (casado/a, soltero/a). Tiene _____ hijos (mis primos). Se llaman _____
   _____

7. Yo me llamo _____ . Soy _____ (soltero/a, casado/a).

8. Tengo _____ hermanos. Se llaman _____ .

B. Ahora describa a los miembros de su familia.

   MODELO: ¿Mi papá? → *Es inteligente y generoso.*

cómico/a	generoso/a	inteligente	reservado/a	sincero/a
divertido/a	idealista	moderno/a	simpático/a	¿ ?

1. ¿Mi hermano/a? _____

2. ¿Mi esposo/a (novio/a)? _____

3. ¿Mi mamá? _____

4. ¿Mi abuelo/a? _____

5. ¿Mi hijo/a (sobrino/a)? _____

✳ ¿Qué tenemos?

Lea Gramática C.1–C.2.

C. ¿De quién son estas cosas?

MODELO: Los pantalones viejos *son de Guillermo.*

Guillermo

1. La profesora

2. Graciela

3. Ernestito

1. El libro de español _____.

2. El vestido nuevo _____.

3. Los zapatos de tenis _____.

4. Carmen

5. doña Lola

6. Pablo

4. El coche deportivo nuevo _____.

5. Los perros _____.

6. Las plantas _____.

D. Diga quién en su familia tiene estas cosas. Use **tengo, tiene, tienes, tenemos.**

MODELO: Mi hermano → *Mi hermano tiene un coche.*

botas negras	una chaqueta anaranjada	una bicicleta roja
muchos libros	un sombrero viejo	una casa vieja
pantalones azules	un suéter blanco	una falda nueva
un coche nuevo		

1. Yo ——.

2. Mi papá ——————————————————————————————————————.

3. Mi mamá ——————————————————————————————————————.

4. Mis hermanos/as ————————————————————————————————.

5. Mi hermano y yo ————————————————————————————————.

E. Escriba una descripción. Use **su** o **sus.**

MODELO: ¿Cómo es el traje **de Juan**? → *Su traje es nuevo, gris y muy bonito.*

1. ¿Cómo es la blusa de la profesora?

    ——

2. ¿Cómo es el pelo de su novio/a?

    ——

3. ¿Cómo son los ojos de su mamá?

    ——

4. ¿Cómo son los pantalones de su hermano/a?

    ——

5. ¿Cómo es el carro de su novio/a (esposo/a)?

    ——

✳ Los números (10–100) y la edad

Lea Gramática C.3.

F. Diga la edad.

MODELO: ¿Cuántos años tiene su padre? → *Mi padre tiene cincuenta y nueve años.*

1. ¿Cuántos años tiene usted?

    ——

2. ¿Cuántos años tiene su profesor(a)?

    ——

3. ¿Cuántos años tiene su hermano/a o su hijo/a?

    ——

4. ¿Cuántos años tiene su mejor amigo/a?

    ——

5. ¿Cuántos años tiene su madre o su padre?

    ——

G. ¿Cómo se escribe el total?

MODELO: veinticinco + veinticinco = C I N C U E N T A = 50

1.   treinta y cinco + treinta y cinco = ___ ___ ___ ___ ___ ___ ___ = ___

2.   setenta y uno + cinco + catorce = ___ ___ ___ ___ ___ ___ = ___

3.   diez + cincuenta + veinte = ___ ___ ___ ___ ___ ___ = ___

4.   ochenta y dos + ocho + diez = ___ ___ ___ ___ = ___

SUMA TOTAL = *340*

H. ¿Cuánto cuestan los objetos? Escriba los precios.

MODELO: $20.99   El gato cuesta *veinte, noventa y nueve.*

1.   El radio cuesta _____ *dólares.*

2.   El diccionario Oxford cuesta _____.

3.   Los libros cuestan _____.

4.   El reloj para deportistas cuesta _____.

5.   El perro San Bernardo cuesta _____ *dólares.*

✳ Los idiomas y las nacionalidades

Lea Gramática C.4–C.5.

I. Complete las oraciones con palabras que describan el idioma, la nacionalidad o el país.

MODELO: Gabriel García Márquez es de Colombia y habla *español*.

1.   Steffi Graff es una tenista _____ y habla _____.

2.   Hosni Mubarak, el primer ministro de Egipto, es _____ y habla

_____.

3. En Tokio hablan _____; es la capital de _____.

4. En Roma hablan _____; es la capital de _____.

5. Nelson Mandela es _____ y habla _____ y xhosa.

6. Madrid es una ciudad _____; es la capital de _____.

7. En Inglaterra, los Estados Unidos y Australia hablan _____.

8. Celine Dion es canadiense. Habla _____ y _____.

J. Diga si son ciertas (**C**) o falsas (**F**) estas afirmaciones. Si son falsas, diga por qué.

MODELO: Pilar dice: «Tengo un coche alemán y hablo alemán.» →
Falso. Pilar habla alemán pero no tiene coche.

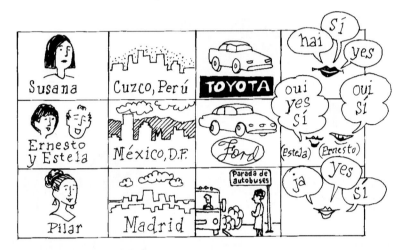

1. ——— La mujer que tiene un Toyota es de Bogotá, Colombia, y habla tres idiomas.

   _____

2. ——— La mujer que habla alemán es de Madrid.

   _____

3. ——— El hombre de México no habla francés, pero habla inglés y español.

   _____

4. ——— Estela y Ernesto Saucedo dicen: «Los dos hablamos francés, pero Ernesto no habla inglés.»

   _____

5. ——— Susana dice: «Tengo un coche japonés pero no hablo japonés.»

   _____

▶ REPASO DE VOCABULARIO Y FRASES ÚTILES

Complete las conversaciones en la próxima página con la frase adecuada según la situación. Use todas las frases.

apellido   Cómo cambia el mundo   De quién es/son…   Feliz cumpleaños   Perdón

1.

2.

3.

4.

 # **A**ctividades auditivas

La familia

A. **La familia de Luis.** Luis Ventura is talking about his family with Professor Martínez.

> VOCABULARIO ÚTIL
>
> travieso   *mischievous*
> en total   *total, in all*

Luis Ventura habla de su familia con la profesora Martínez.

❖ ❖ ❖

Escriba los nombres de los padres y los hermanos de Luis.

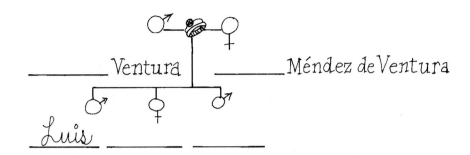

B. El álbum de fotos. Professor Martínez brought her photo album to class and is now showing photos of her relatives to her students.

VOCABULARIO ÚTIL

muestra   *shows*
el sobrino   *nephew*
calvo   *bald*
la novia   *girlfriend*
¡Qué pena!   *Oh, darn!; What a bummer!*
querida   *dear*

La profesora Martínez le muestra su álbum de fotos a la clase.

¿Quiénes son los parientes de la profesora Martínez? Indique qué pariente es al lado de cada nombre en el álbum de fotos: el sobrino, la mamá o el hermano.

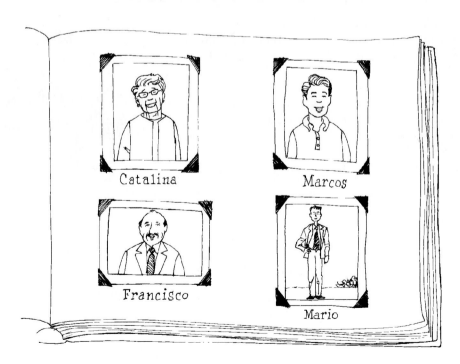

✳ ¿Qué tenemos?

C. Después de la fiesta. Álvaro and Lisa Ventura, Luis's parents, are cleaning up their house the morning after a party. Many of their son's friends attended the party and forgot some of their belongings.

VOCABULARIO ÚTIL

A ver… *Let's see . . .*
Creo que   *I believe that; I think that*
la bolsa   *purse*
los lentes de sol   *sunglasses*
Solamente   *Only*

Álvaro y Lisa Ventura están en su casa después de una fiesta. Hay muchas cosas de los amigos de Luis.

❖ ❖ ❖

Diga qué cosas hay en casa de los señores Ventura y de quiénes son.

	COSAS	ES/SON	

1. La _____   _____ de Alberto.

2. La _____   _____ de Mónica.

3. El _____   _____ de Carmen.

4. Los _____   _____ de Esteban.

✳ Los números (10–100) y la edad

D. En la tienda de ropa. Carla Espinosa and Rogelio Varela are students at the University of Puerto Rico, Río Piedras campus. Today they are taking inventory in the clothing store *El Encanto*, where they work.

VOCABULARIO ÚTIL

los dependientes   *salespeople, clerks*
exactamente   *exactly*
todos   *all*
¡A descansar!   *Let's rest!*

Carla Espinosa y Rogelio Varela son estudiantes en la Universidad de Puerto Rico en Río Piedras. También son dependientes en la tienda de ropa *El Encanto*.

❖ ❖ ❖

Escuche la conversación e indique la cantidad de cada artículo de ropa que Carla y Rogelio cuentan.

1. ____ pantalones

2. ____ camisas

3. ____ blusas

4. ____ faldas

5. ____ trajes para hombre

6. ____ vestidos

7. ____ pantalones cortos

8. ____ pantalones largos

E. La edad de los estudiantes. Professor Martínez asks her students how old they are.

VOCABULARIO ÚTIL

menos   *fewer; less*
la pregunta   *question*
treinta y… muchos   *thirty plus*

La profesora Martínez habla de la edad con sus estudiantes.

Escriba el nombre y la edad de cada persona mencionada en la conversación.

PERSONA	EDAD
1. _____	____
2. _____	____
3. _____	____
4. _____	____

✳ Los idiomas y las nacionalidades

F. El Club Internacional. There is an International Club at the University of Texas in San Antonio. Students from different countries meet at this club to share ideas about their cultures. Professor Martínez and her friend, Professor Alejandro López, are attending a Club party.

VOCABULARIO ÚTIL

Oye   *Listen*
cerca de   *near*
se comunican   *they communicate*
¡supongo!   *I suppose!*
los mexicoamericanos
    Mexican Americans

Hay un Club Internacional en la Universidad de Texas en San Antonio. Ahora la profesora Martínez y el profesor López están en una fiesta del Club.

Complete la tabla con la información del diálogo. Los nombres de los estudiantes son **Petra, Nora, Hugo, Vikki, Esteban** y **Brigitte**.

	NOMBRE	DESCRIPCIÓN	NACIONALIDAD
1.	*Petra*	*mediana, pelo rubio*	
2.		*pelo castaño*	*argentino*
3.	*Vikki*		
4.			*francesa*
5.	*Nora*	*estudiante de la profesora Martínez*	
6.			*norteamericano*

✳ ¡A repasar!

G.   Las corbatas del abuelo

VOCABULARIO ÚTIL

elegantes   *sophisticated, elegant*
feas   *ugly*
el gusto   *taste*
la moda   *style, fashion*
como tú   *like you*

Susana Yamasaki de González tiene dos hijos y vive con sus padres en Lima, Perú. Ahora conversa con su hijo menor, Andrés, que tiene nueve años.

¿Cierto (**C**) o falso (**F**)?

1.   _____   El abuelo de Andrés tiene corbatas amarillas, rosadas, azules y anaranjadas.

2.   _____   El abuelo tiene gusto de viejo.

3.   _____   El abuelo tiene 62 años.

4.   _____   La ropa negra es la ropa de moda de los jóvenes peruanos.

Pronunciación y ortografía

✳ **Ejercicios de pronunciación**

PRONUNCIACIÓN: **ll, ñ, ch**

The letter **ll** (**elle**) is pronounced the same as the Spanish letter **y** by most speakers of Spanish and is very similar to the English *y* in words like *you, year.*

A. Listen and then pronounce the following words with the letter **ll.**

       <u>ll</u>ama, amari<u>ll</u>o, <u>ll</u>eva, e<u>ll</u>as, si<u>ll</u>a

The letter **ñ** is very similar to the combination *ny* in English, as in the word *canyon.*

B. Listen and then pronounce the following words with the letter **ñ.**

       casta<u>ñ</u>o, ni<u>ñ</u>a, se<u>ñ</u>or, a<u>ñ</u>o, compa<u>ñ</u>era

The combination **ch** is considered a single letter in Spanish. It is pronounced the same as *ch* in English words such as *chair, church.*

C. Listen and then pronounce the following words with the letter **ch.**

       <u>ch</u>ico, <u>ch</u>aqueta, mu<u>ch</u>a<u>ch</u>a, o<u>ch</u>o

D. Concentrate on the correct pronunciation of **ll, ñ,** and **ch** as you listen to and pronounce these sentences.

1. La niña pequeña lleva una blusa blanca y una falda amarilla.
2. La señorita tiene ojos castaños.
3. Los niños llevan chaqueta.
4. El niño alto se llama Toño.
5. El chico guapo lleva una chaqueta gris.

✳ **Ejercicios de ortografía**

NEW LETTERS: **ll, ñ, ch**

A. Listen and write the words you hear with the letter **ñ.**

1. ————————————   3. ————————————   5. ————————————

2. ————————————   4. ————————————

B. Now listen and write the words you hear with the letter **ll.**

1. ————————————   3. ————————————   5. ————————————

2. ————————————   4. ————————————

C. Listen and write the words you hear with the letter **ch.**

1. ————————————   3. ————————————   5. ————————————

2. ————————————   4. ————————————

 **V**ideoteca

VOCABULARIO ÚTIL

¿Qué te pasa?   *What's the matter? What's up?*
Busco...   *I'm looking for . . .*
Son las once   *It's eleven o'clock*
No sé   *I don't know*
tal vez   *perhaps*
bienvenido   *welcome*
D.F. (Distrito Federal)   *Federal District (like D.C.)*
¿De dónde eres?   *Where are you from?*
Soy de...   *I'm from . . .*
tío   *uncle*
¿Qué te gusta hacer?   *What do you like to do?*
Oye   *Hey, (listen)*
debe   *should be*
la película   *movie*

Sinopsis

Antonio Sifuentes, a student at the Universidad Nacional Autónoma de México (UNAM), is looking for a new student from California. He has been told that the new student is wearing beige pants and a blue shirt. Since he has been told that the student is from California, he thinks he is looking for a blond, blue-eyed student. At the end both Diego and Antonio realize that stereotypes can be misleading.

Primero lea estas preguntas y luego vea el video para contestarlas.

A. ¿Cierto (**C**) o falso (**F**)?

1. _____ Diego lleva zapatos de tenis.
2. _____ Diego lleva una camisa azul.
3. _____ Antonio tiene 20 años.
4. _____ El apellido de Diego es González.

5. _____ El padre de Diego es de Veracruz.
6. _____ Diego toca (*plays*) la guitarra.
7. _____ Antonio baila (*dances*) mucho.
8. _____ El primo de Diego se llama Rafael.

B. **¿Quién es?** Escriba el nombre de la persona descrita (Diego o Antonio) en el espacio en blanco.

1. _____ Es de Guadalajara.
2. _____ Tiene abuelos chilenos.
3. _____ Tiene 20 años.
4. _____ Tiene 22 años.
5. _____ Tiene una familia grande.

6. _____ No tiene hermanos.
7. _____ Tiene un tío que (*who*) vive en Puebla.
8. _____ Su padre es mexicano, de Veracruz.

C. Ahora describa a Diego.

_____

_____

Los datos personales y las actividades

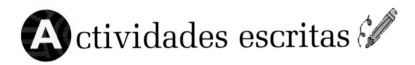

Actividades escritas

✳ **Las fechas y los cumpleaños**

Lea Gramática 1.1.

A. Escriba la fecha de nacimiento de estas personas.

> MODELO: Adriana: 17 de abril →
> *Adriana nació el diecisiete de abril de mil novecientos sesenta y siete.*

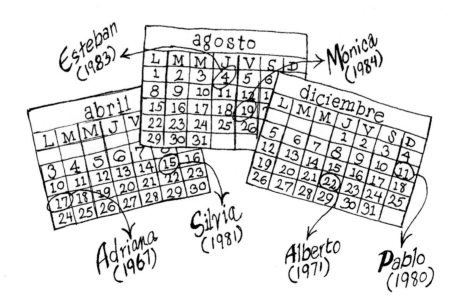

1. Silvia _____

2. Alberto _____

3. Pablo _____

4. Mónica _____

5. Esteban _____

Ahora diga cuándo es el cumpleaños de algunos miembros de su familia.

> MODELO: Mi *tío* Paul nació el *catorce de abril*.

1. _____

2. _____

3. _____

¿Y cuándo nació usted? Yo nací _____.

B. ¿Qué fechas son éstas? Escriba los números.

1. Cortés conquistó a los aztecas en _____ (mil quinientos veintiuno).

2. La fecha de la independencia de varios países de América Latina es _____ (mil ochocientos veintiuno).

3. Nuestro país (los Estados Unidos) nació en _____ (mil setecientos setenta y seis).

4. El año de las Olimpíadas en Sydney, Australia, es _____ (dos mil).

5. En mi opinión, el año más importante es 19 ___ ___ (mil novecientos _____ _____) porque yo nací en ese año.

✴ Datos personales: El teléfono y la dirección

Lea Gramática C.5, 1.2–1.4.

C. Hágales preguntas a estas personas.

> MODELO: profesora Martínez / hablar: *¿Habla (usted) francés, profesora Martínez?*

1. Esteban / estudiar: _____

2. Nora y Luis / leer: _____

3. profesor(a) / vivir: _____

4. Pablo / comer: _____

5. profesora Martínez / cantar: _____

6. Esteban / escribir: _____

D. Escriba la descripción de las siguientes personas.

> MODELO: Nombre: *Estela Ramírez de Saucedo*
> Dirección: *Avenida Juárez 457*
> Ciudad: *México, D.F.*   País: *México*
> Teléfono: *5-66-79-83*
> Edad: *35 años*
> Estado civil: *casada (Ernesto)*
> Hijos: *tres (Amanda, Guillermo, Ernestito)*
>
> El nombre de mi amiga es Estela Ramírez de Saucedo. Tiene 35 años. Es de México y vive en la capital, México, D.F., con su esposo Ernesto, en la Avenida Juárez, número

457. Su número de teléfono es el 5-66-79-83. Tiene tres hijos: Amanda, Guillermo y Ernestito.

1. Ahora escriba una descripción de Silvia.

Nombre:	*Silvia Alicia Bustamante Morelos*
Dirección:	*Paseo de la Reforma número 5064, Apartamento 12*
Ciudad:	*México, D.F.* País: *México*
Teléfono:	*5-62-03-18*
Edad:	*21 años*
Estado civil:	*soltera*
Hijos:	*no tiene*

    ＿＿＿

    ＿＿＿

    ＿＿＿

    ＿＿＿

    ＿＿＿

2. Ahora escriba una descripción de un buen amigo / una buena amiga.

    ＿＿＿

    ＿＿＿

    ＿＿＿

    ＿＿＿

    ＿＿＿

E. La hermana de Pilar

Lea el modelo y luego describa en uno o dos párrafos, a un miembro de su familia. Use una hoja de papel aparte (*separate sheet of paper*).

> MODELO: Mi hermana se llama Gloria Álvarez Cárdenas. Es alta y bonita. Tiene el pelo rubio y los ojos castaños. Tiene 23 años. Es idealista, entusiasta y generosa. Le gusta mucho hablar con sus amigos y observar a las personas. Ella estudia psicología. Vive en Madrid en un apartamento pequeño. Yo vivo allí también. Su dirección es Calle Almendras, número 481. Su número de teléfono es el 2-71-94-55.

✳ La hora

Lea Gramática 1.5.

F. Escriba la hora apropiada.

> MODELOS: 6:30 → *Son las seis y media.*
>
> 1:50 → *Son las dos menos diez.*

1. 9:00 ＿＿＿＿＿＿＿＿＿＿＿＿＿＿＿＿＿＿＿＿＿＿＿＿＿＿＿＿＿＿＿＿＿

2. 8:15 ＿＿＿＿＿＿＿＿＿＿＿＿＿＿＿＿＿＿＿＿＿＿＿＿＿＿＿＿＿＿＿＿＿

3. 9:47 ＿＿＿＿＿＿＿＿＿＿＿＿＿＿＿＿＿＿＿＿＿＿＿＿＿＿＿＿＿＿＿＿＿

4. 3:30 ＿＿＿＿＿＿＿＿＿＿＿＿＿＿＿＿＿＿＿＿＿＿＿＿＿＿＿＿＿＿＿＿＿

5. 11:20 _____

6. 12:00 _____

7. 1:05 _____

8. 4:45 _____

9. 8:58 _____

10. 6:55 _____

G. Conteste las preguntas usando la teleguía. Si es después del mediodía, ponga la hora de dos maneras. Mire el modelo.

TV1	TV2
9:30 El nuevo show de Popeye	9:30 Los pueblos
10:00 Digimon. Las aventuras de los digimons y las niñas	10:00 Paraísos cercanos, Isla Mauricio
	11:00 La película de la mañana. *Este que lo es* (España 82 minutos)
10:30 La nueva familia Addams	
11:15 Los rompecorazones. Episodio 182	12:30 Vuelta ciclista de España
12:05 Xena, la princesa guerrera. La llave del reino. Estéreo. No recomendada para menores de 7 años	16:00 China salvaje. Los insectos de China
13:05 Los vigilantes de la playa en Hawaii. Marcas en la arena. Para todos los públicos	17:00 Luchando por los animales. *Mujeres y animales*
	17:30 Norte-Sur. Se presentan Palestina, Chad y Mozambique
14:00 Informativo territorial	18:30 Harry y los Henderson. El profesor Dupond en París
14:30 Corazón de verano	
15:00 Telediario	19:10 Salto al infinito. Episodio 10. La utopía tiene su precio
16:00 El tiempo	
	20:00 Informativo territorial

MODELO: ¿A qué hora es *Corazón de verano*?

Es a las 14:30 o a las dos y media de la tarde.

1.   ¿A qué hora es *Los vigilantes de la playa en Hawaii*?

_____

2.   ¿A qué hora es *La nueva familia Addams*?

_____

3.   ¿A qué hora es *Salto al infinito*, Episodio 10?

_____

4.   ¿A qué hora es *China salvaje. Los insectos de China*?

_____

5.   ¿A qué hora es *El nuevo show de Popeye*?

_____

❋ Las actividades favoritas y los deportes

Lea Gramática 1.6.

H.   Diga qué les gusta hacer a estas personas.

MODELO:

Pablo

A Pablo le gusta *trabajar en el jardín.*

1.

Alberto

A Alberto le gusta _____ .

2.
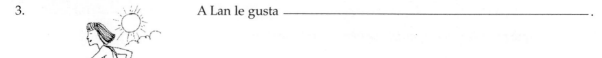

A Carmen y a Esteban les gusta ——————————————.

Carmen y Esteban

3.

A Lan le gusta ——————————————————.

Lan

4.

——————————————————————.

Luis

5.

——————————————————————.

Mónica

I. ¿Qué dicen estas personas? Complete con la forma apropiada de **gustar.**

MODELO:

Nora, ¿ _le_ _gusta_ dibujar?

Sí, profesora, _me_ _gusta_ mucho.

J. ¿Qué (no) le gusta hacer a usted? ¿Qué le gusta hacer con sus amigos? ¿y con su familia? Complete las oraciones. Algunas ideas:

bailar	explorar el Internet	nadar en el mar
bailar ballet	ir de compras	salir con mis amigos
comer en restaurantes elegantes	jugar al tenis	ver la televisión
escuchar música clásica	leer novelas	¿ ?

1. Me gusta _____.

2. Me gusta _____.

3. Me gusta _____.

4. No me gusta _____.

5. No me gusta _____.

6. No me gusta _____.

7. A mis padres y a mí nos gusta _____.

8. A mi novia/a (esposo/a) y a mí nos gusta _____.

9. Los sábados por la noche me gusta _____.

10. Con mis amigos me gusta _____.

▶ REPASO DE PALABRAS Y FRASES ÚTILES

Complete estas conversaciones correctamente con la frase u oración apropiada según la situación.

Cómo se escribe	no entendí	pasado mañana	Qué hora tiene
es temprano	No lo creo	por favor	Ya es tarde

¿ _____ (usted)?

Son las tres menos cuarto.

1.

Profesora, _____ _____, repita por favor.

2.

¿ _____ japonés?

jota, a, pe, o, ene...

3.

Esteban, _____ _____, abra la ventana.

4.

¡ _____ !

5.

Las 8:15. ¡ _____ _____ !

6.

42   *Capítulo 1*

 **R**esumen cultural

Complete las oraciones y conteste las preguntas con nombres, palabras y frases de la lista.

Miguel Indurain	Roberto Alomar	el tenis
Isabel Allende	Conchita Martínez	el béisbol
Arantxa Sánchez Vicario	Rigoberta Menchú	el básquetbol
Casimiro González	la Sierra Nevada	la natación
el Premio Nóbel de la Paz	la Serie Mundial	el quiché
Son las once y media de la noche.	Son las ocho y media de la noche.	
Son las cuatro menos cuarto de la tarde.	Son las tres y cuarto de la tarde.	

1. _____ es un artista cubano que vive ahora en los Estados Unidos.

2. _____ es el deporte más popular en el Caribe.

3. _____ es una activista guatemalteca. En 1992 recibió

_____.

4. Se practica el esquí en _____ de España.

5. _____ y _____ son tenistas españolas.

6. Otra palabra para **baloncesto** es _____.

7. _____ es una escritora chilena, autora de *Hija de la fortuna* y *La casa*

de los espíritus.

8. ¿Qué hora es? (20:30) _____.

9. ¿Qué hora es? (15:45) _____.

10. _____ es un idioma maya, hablado en Guatemala.

 **A**ctividades auditivas ⌔

✳ **Para empezar**

A. La música en KSUN, Radio Sol

Mayín Durán habla de la música en KSUN, Radio
Sol de California.

¿Qué tipos de música tienen en KSUN? Escriba **Sí** o **No.**

1. —— rock
2. —— argentina
3. —— italiana
4. —— jazz

5. —— clásica
6. —— romántica
7. —— española
8. —— mexicana

B. En el parque

Doña Lola y don Anselmo Olivera hablan de las personas en el parque.

❖ ❖ ❖

Identifique a estas tres personas. ¡Cuidado! Hay más de una respuesta posible.

1. —— doña Rosita Silva
2. —— Pedro Ruiz
3. —— Clarisa

a. Tiene seis años.
b. Tiene dos hijas.
c. Es la hija mayor.
d. Lleva lentes.
e. Lleva un vestido morado.

✳ Las fechas y los cumpleaños

C. Los cumpleaños

VOCABULARIO ÚTIL

Entonces   *Then; Therefore*
quiere decir   *it means*
ya sabe   *you already know*

¿Cuándo nació usted?

La profesora Martínez habla con los estudiantes de las fechas de sus cumpleaños.

❖ ❖ ❖

Escriba la fecha de cumpleaños de estas personas.

FECHA DE CUMPLEAÑOS

1. Carmen   _____
2. Alberto   _____
3. Esteban   _____
4. La profesora   _____

✳ Datos personales: El teléfono y la dirección

D. Información, por favor

VOCABULARIO ÚTIL

la operadora   *operator*
Un momentito   *Just a moment*
diga   *hello (used when answering the phone in Spain)*

Pilar Álvarez es una chica española de 22 años. En la mañana Pilar estudia en la Universidad Complutense de Madrid; por la tarde trabaja de operadora en la Compañía Telefónica de Madrid. Ahora está en su trabajo.

❖ ❖ ❖

Escuche a Pilar y escriba los números de teléfono.

NÚMERO DE TELÉFONO

1. Ricardo Puente Arce: ___-___ ___-___ ___-___

2. Melisa Becker López: ___-___ ___-___ ___-___

3. Colegio La Paz: ___-___ ___-___ ___-___

¿Cuál es la dirección del Colegio La Paz?

4. La dirección es _____ Goya, número _____ .

✳ La hora

E. ¿Qué hora es?

VOCABULARIO ÚTIL

En este momento   *At this time*
temprano   *early*
terminar   *to end; to finish*

La profesora Martínez muestra relojes con la hora en diferentes ciudades de los Estados Unidos.

❖ ❖ ❖

Escuche el diálogo y escriba la hora en el reloj.

1. San Antonio   2. Los Ángeles   3. Nueva York

4. Denver   5. el reloj de Esteban

F. Silvia en la terminal de autobuses

VOCABULARIO ÚTIL

sale   *leaves*
el próximo   *the next*
Para servirle   *At your service*
la salida   *departure*
cada hora   *each (every) hour*

Los fines de semana Silvia Bustamante trabaja en una terminal de autobuses. Ahora Silvia está hablando con unos clientes.

❖ ❖ ❖

Escriba en los espacios en blanco la hora de salida de los autobuses.

HORA DE SALIDA

1. Durango   _____

2. Puebla   _____

3. Monterrey   _____ y _____

4. Guadalajara   _____

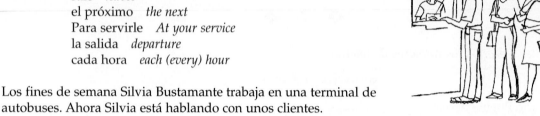

✳ Las actividades favoritas y los deportes

G. Ernestito

VOCABULARIO ÚTIL

la presentación   *presentation*
el Distrito Federal (el D.F. [«de efe»])   *Federal District,*
     Mexico City
más que nada   *more than anything*

Ernestito Saucedo hace una presentación en su clase; él habla de su familia y de sus actividades favoritas.

❖ ❖ ❖

¿Cierto (**C**) o falso (**F**)?

1. _____ Ernestito vive en el D.F.

2. _____ Tiene tres hermanos.

3. ——— Su hermano se llama Lobo.

4. ——— A Ernestito le gusta jugar con su hermano.

5. ——— No le gusta montar (andar) en bicicleta.

H. Las actividades de la profesora

VOCABULARIO ÚTIL

las montañas   *mountains*
enseñar   *to teach*

La profesora Martínez habla con los estudiantes de sus
actividades favoritas.

Diga a quién le gusta hacer estas actividades: a Lan (**LA**), a Luis (**LU**) o a la profesora Martínez (**PM**).

1. ——— leer

2. ——— andar en bicicleta

3. ——— montar a caballo

4. ——— tocar el piano

5. ——— enseñar español

✳ ¡A repasar!

I. Radio Sol… ¡su estación favorita!

VOCABULARIO ÚTIL

la estación   *station*
la promoción   *promotion*
reciben   *they receive*
la llamada   *call*

Hoy KSUN, Radio Sol de California, hace una promoción especial.
Las personas que llaman de las 9:00 a las 9:30 de la mañana reciben
una camiseta con el nombre de la emisora (estación de radio).

Llene los espacios en blanco con la información apropiada.

Nombre: _Carlos Medrano_

Música favorita: _____

Color favorito: _____

Dirección: _Calle Sepúlveda,_ _____
Calle   Número

Camiseta (pequeña, mediana, grande): _____

Nombre: _Leti Valdés_

Música favorita: _____

Color favorito: _____

Dirección: _Avenida Manchester,_ _____
Calle   Número

Camiseta (pequeña, mediana, grande): _____

Pronunciación y ortografía

✳ Ejercicios de pronunciación

PRONUNCIACIÓN: **r**

The Spanish *r* is not at all like the American English *r*. In Spanish there are two basic **r** sounds: one is a trill, the double **r** (**rr**), and the other is a tap, the single **r** (**r**).

A. Listen and then pronounce the following words with double **r** (**rr**).

cie<u>rr</u>e, bo<u>rr</u>ador, piza<u>rr</u>a, pe<u>rr</u>o, co<u>rr</u>ecto

If the letter **r** begins a word, it is usually pronounced with a trill. Note that at the beginning of a word, a trill is written as a single **r** rather than as a double **r.**

B. Listen and then pronounce the following words that begin with a trill.

<u>r</u>izado, <u>r</u>oja, <u>r</u>ubia, <u>r</u>eloj, <u>r</u>eservado, <u>r</u>opa

Remember that in Spanish the double **r,** and the single **r** at the beginning of a word, are trilled. Most other **r**'s are pronounced as a tap, that is, the tongue strikes the roof of the mouth lightly. It is very similar to the way Americans pronounce some *d*'s and *t*'s (which sound very much like *d*'s) in the middle of words: *butter, pretty, water, latter, ladder, body.* Say the expression *pot of tea* very quickly and pay attention to the *t* of *pot.*

C. Listen and then pronounce the following words with Spanish single **r.**

mi<u>r</u>e, na<u>r</u>iz, pe<u>r</u>o, o<u>r</u>ejas, cla<u>r</u>o, ca<u>r</u>a, ho<u>r</u>a

D. Now practice the same sound when the letter appears at the end of the word.

baila<u>r</u>, docto<u>r</u>, cocina<u>r</u>, habla<u>r</u>, ve<u>r</u>, lee<u>r</u>, mayo<u>r</u>, meno<u>r</u>, tene<u>r</u>, mejo<u>r</u>, se<u>r</u>

E. Listen to the following sentences and then pronounce them, concentrating on producing **r** and **rr** correctly. Don't forget to pronounce the vowels short and to use syllable-timed rhythm.

1. Cierre la puerta.
2. Luis tiene el pelo rizado.
3. El perro de Ernestito es muy grande.

4. —¿Qué hora es?
   —No tengo reloj.
5. Miren arriba.

✳ Ejercicios de ortografía

Write the words you hear, paying attention to the single and double **r** sounds and how they are written.

1. _____
2. _____
3. _____
4. _____
5. _____

6. _____
7. _____
8. _____
9. _____
10. _____

Videoteca 📼

VOCABULARIO ÚTIL

¡Estoy muerta! *I'm dead!* (*tired*)
Hombre, ¡qué sorpresa! *Man, what a surprise!*
hace muchos años *many years ago*
la economía internacional *international finance*
me encanta *I really like*
juntos *together*

Sinopsis
Paloma y su primo, José Miguel, hacen una excursión en bicicleta. Se encuentran con (*meet*) Gustavo, un viejo amigo de Paloma. Paloma los presenta y luego invita a Gustavo a hacer varias actividades con su familia.

Primero lea estas preguntas y luego vea el video para contestarlas.

A. ¿Cierto (**C**) o falso (**F**)?

1. _____ José Miguel es el hermano de Paloma.

2. _____ Gustavo estudia en el Parque Carolina.

3. _____ La familia de Gustavo vive en Guayaquil.

4. _____ Gustavo estudia economía internacional.

5. _____ El tres de marzo es un viernes.

6. _____ A Gustavo le gusta bailar.

7. _____ Son las once.

8. _____ Paloma invita a Gustavo al cine.

B. Complete las siguientes oraciones con la información correcta.

1. El apellido de Gustavo es _____.

2. _____ nació el tres de marzo.

3. El tres de marzo, Paloma y su familia van a _____
   _____.

4. El deporte favorito de José Miguel es _____.

5. Gustavo juega al fútbol en el Parque Carolina los _____.

6. Paloma vive en la calle _____.

7. El número de teléfono de Paloma es _____.

 ecturas

 # Los saludos y las despedidas

VOCABULARIO ÚTIL

es costumbre	*it is customary*
todos	*everybody*
darle la mano	*to shake hands*
Gusto de verte	*Good to see you*
pueden durar	*can last*
valen la pena	*are worth the trouble*

Los saludos y las despedidas son una parte importante de muchas culturas. Aquí tiene algunos saludos y despedidas de la cultura hispana.

En la sociedad hispana, cuando uno entra en un lugar donde hay otras personas, es costumbre saludar a todos con «Hola», «Buenos días» o simplemente «¡Buenas!». Si es posible, es costumbre también darle la mano a cada persona. Y cuando uno se despide, le da la mano a todos otra vez y dice «Adiós», «Nos vemos», «Gusto de verte» o «¡Hasta mañana!».

Para saludar a los amigos, los hispanos dicen «¿Cómo estás?» o «¿Qué tal?». Y hay frases más expresivas, como, por ejemplo, «¿Qué me cuentas?», «¿Qué pasa?» o «¿Qué hay de nuevo?». Hay saludos un poco formales: «¿Cómo está usted?», «¿Cómo le va?» y «¿Cómo está la familia?».

Los saludos y las despedidas pueden durar mucho tiempo, pero valen la pena. Para muchos hispanos, ¡las relaciones humanas son más importantes que el tiempo!

Comprensión

Aquí tiene algunos saludos y despedidas. ¿Cuáles son formales (**F**) y cuáles informales (**I**)?

1. —— Hola.
2. —— ¿Cómo estás?
3. —— ¿Qué tal?
4. —— ¿Qué me cuentas?
5. —— ¿Cómo está la familia?

6. —— ¿Cómo le va?
7. —— Gusto de verte.
8. —— ¿Qué hay de nuevo?
9. —— ¿Cómo está usted?
10. —— ¿Qué pasa?

Ahora... ¡usted!

1. ¿Cómo saluda usted a sus amigos? ¿Y a las personas que no conoce (*know*) muy bien?

   _____

   _____

2. ¿Piensa usted que hay diferencias entre la manera de saludar y despedirse de los hispanos y la de los norteamericanos? ¿Cuáles son estas diferencias?

   _____

   _____

 **Un paso más... ¡a escribir!**

Escriba diálogos breves para practicar los saludos. Usted va a saludar a tres de las siguientes personas: su profesor o profesora, un amigo o una amiga, una amiga de su mamá, su hermano o hermana, un compañero de clase, su primo, su abuela.

LECTURA Los amigos hispanos: Las actividades de Raúl

VOCABULARIO ÚTIL

la ingeniería	*engineering*
conoce	*knows*
A veces	*Sometimes*
Además	*Besides*
levantar pesas	*to lift weights*
pasear	*to go for a walk*
charlar	*conversar*

Aquí describimos las actividades favoritas de un estudiante mexicano. Mire las palabras en negrita y descubra rápidamente varias de estas actividades. ¡A este joven le gusta hacer muchas cosas!

Raúl Saucedo es de la Ciudad de México, pero estudia ingeniería en la Universidad de Texas en San Antonio. Tiene diecinueve años; es delgado y tiene el pelo largo y lacio.

Raúl conoce a varios de los estudiantes de español de la profesora Martínez. A veces **conversa** con ellos en inglés y a veces en español, porque los estudiantes necesitan practicar.

Raúl **estudia** mucho. Pero también **practica varios deportes,** especialmente el fútbol. ¡Es un joven muy activo! Los sábados en la mañana **le gusta jugar al fútbol** con sus amigos hispanos. Además, a Raúl le gusta **levantar pesas** y **nadar** en la piscina de la universidad.

Los sábados por la tarde, generalmente, le gusta **salir a pasear y charlar con sus amigos** norteamericanos. Por la noche, prefiere **ir al cine o bailar** en las discotecas. Sus amigos dicen que él baila muy bien.

¿Y qué le gusta hacer a Raúl los domingos? Pues… los domingos son para estudiar y **hacer la tarea.** ¡Son días muy importantes!

Comprensión

¿Cierto (**C**) o falso (**F**)?

1. —— Raúl es norteamericano.

2. —— Raúl es estudiante en la Universidad de México.

3. —— Es viejo y bajo.

4. —— No es muy activo.

5. —— A Raúl le gusta hacer ejercicio.

6. —— Los domingos le gusta ir al cine.

7. —— Raúl es muy buen estudiante.

8. —— Tiene varios amigos hispanos.

Ahora… ¡usted!

¿Cuáles de las actividades de Raúl le gusta hacer a usted?

	SÍ ME GUSTA…	NO ME GUSTA…
conversar en español	——————	——————
jugar al fútbol	——————	——————
levantar pesas	——————	——————
nadar en la piscina	——————	——————
ir al cine	——————	——————
estudiar y hacer la tarea	——————	——————
bailar en discotecas	——————	——————

Un paso más… ¡a escribir!

¿Qué le gusta hacer a su compañero/a? Hágale una entrevista y luego escriba una composición como esta lectura, con el título *Las actividades de* (*nombre*). Para empezar, puede usar las siguientes preguntas.

1. ¿Qué te gusta hacer los viernes por la noche?

2. ¿Qué te gusta hacer los sábados y los domingos?

EL MUNDO HISPANO... LA GENTE

Elizabeth Álvarez nació en los Estados Unidos, de padres mexicanos. Elizabeth tiene 34 años y vive en Perrysburg, Ohio.

Describa a un buen amigo o a una buena amiga.

Los Estados Unidos

Perrysburg, Ohio

EL OCÉANO ATLÁNTICO

EL OCÉANO PACÍFICO

Una buena amiga es una persona que quiere escucharte cuando más lo necesitas. Es esa persona sincera que te acepta tal como eres.[1] Mi buena amiga se llama Juanita García. Vive en Calexico, California. Juanita celebra su cumpleaños el cinco de septiembre. Nos gusta celebrar juntas su cumpleaños cuando se puede.[2] Lo que más nos gusta hacer cuando estamos juntas es conversar. Hablamos mucho de eventos especiales de nuestra niñez.[3]

[1]*tal... just as you are*　[2]*cuando... when it's possible*　[3]*childhood*

Comprensión

¿Cierto (**C**) o falso (**F**)?

1. ＿＿＿ La actividad que Elizabeth y su amiga prefieren es conversar.

2. ＿＿＿ Normalmente las dos amigas hablan de su niñez.

3. ＿＿＿ A las dos amigas les gusta celebrar juntas el cumpleaños de Elizabeth.

4. ＿＿＿ Para Elizabeth, una buena amiga es alguien que escucha sus problemas.

Mis planes y preferencias

Actividades escritas

✳ Los planes

Lea Gramática 2.1.

A. Escoja ocho de las siguientes personas y describa qué van a hacer durante el fin de semana.

> MODELO: Esta fin de semana mi novio y yo vamos a salir a bailar.

yo	una amiga / un amigo	mis padres	mi hermano/a y yo
mi hijo/a	mi novio/a (esposo/a)	mi profesor(a)	mi mejor amigo/a y yo
mis amigos	mi abuelo/a	mi primo/a	¿ ?

1. _____

2. _____

3. _____

4. _____

5. _____

6. _____

7. _____

8. _____

B. Complete esta conversación entre Estela y su hermana Andrea. Ellas hablan de los planes de Estela para el fin de semana. Use las formas correctas de **ir a.**

ESTELA: Este fin de semana _____ _____¹ descansar.

ANDREA: ¿No _____ _____² limpiar la casa el sábado?

ESTELA: No, Ernesto y los niños _____ _____³ limpiar todo porque el

sábado es mi cumpleaños.

ANDREA: ¿Y el sábado tú _____ _____⁴ dormir todo el día?

ESTELA: No, porque _____ _____⁵ ir de compras. Quiero un vestido nuevo.

ANDREA: ¡Un vestido nuevo! ¿Por qué?

ESTELA: Porque la fiesta sorpresa del domingo *no* es un secreto.

✳ Las clases

Lea Gramática 2.2.

C. Escriba las clases que usted tiene y la hora de cada una.

HORA	LUNES	MARTES	MIÉRCOLES	JUEVES	VIERNES
____	_____	_____	_____	_____	_____
____	_____	_____	_____	_____	_____
____	_____	_____	_____	_____	_____
____	_____	_____	_____	_____	_____
____	_____	_____	_____	_____	_____

D. Complete las oraciones con información acerca de sus clases.

1. Mi primera clase los lunes es _____.

2. Mi tercera clase los miércoles es _____.

3. Mi segunda clase los jueves es _____.

4. Mi quinta clase los _____ es _____.

5. Mi _____ clase los _____ es español.

6. Mi clase más fácil/difícil es _____.

7. Mi clase favorita es _____.

✳ Las preferencias y los deseos

Lea Gramática 2.3–2.4.

E. Hable de sus deseos para el día de su cumpleaños.

1. ¿Quiere usted tener una fiesta grande?

_____

2. ¿Quiere usted recibir visitas ese día?

_____

3. ¿Quiere usted salir a bailar con su novio/a (esposo/a)?

_____

4. ¿Qué quieren hacer sus padres? / ¿Qué quiere hacer su esposo/a (novio/a)?

_____

5. ¿Qué quieren hacer usted y sus amigos?

_____

F. Diga las preferencias de usted o de otra persona.

MODELO: ¿Prefiere usted bailar o jugar al béisbol? → *Prefiero bailar.*

1. ¿Prefiere usted jugar al tenis o al ráquetbol?

_____

2. ¿Prefiere usted cocinar o ir a un restaurante?

_____

3. ¿Prefiere usted andar en bicicleta o en motocicleta?

_____

4. ¿Prefiere usted bucear o nadar?

_____

5. ¿Prefiere usted trabajar en el jardín o limpiar la casa?

_____

6. ¿Qué prefieren sus padres, ver la televisión o ir al cine?

_____

7. ¿Qué prefiere su hijo/a, patinar o jugar al fútbol?

_____

8. ¿Qué prefiere su hermano/a, esquiar o jugar al voleibol?

_____

G. ¿Cuáles de las siguientes actividades considera usted actividades del tiempo libre y cuáles considera obligaciones? Haga dos listas en la próxima pagina.

Actividades: cocinar, escribirle una carta a un amigo / una amiga, escuchar música, estudiar español, explorar el Internet, ir de compras, jugar a las cartas, jugar al básquetbol, lavar el carro, leer una novela, limpiar la casa, llamar a mis padres/abuelos por teléfono, manejar, nadar, reparar el carro, salir a bailar, salir a caminar con el perro, tomar el sol, tomar un examen, trabajar, ver la televisión, ¿ ?

_____   _____
_____   _____
_____   _____
_____   _____
_____   _____
_____   _____
_____   _____
_____   _____
_____   _____
_____   _____

✳ El tiempo

Lea Gramática 2.5.

H. Mire estos dibujos con cuidado y diga qué tiempo hace y qué quieren hacer las personas que aparecen en cada uno.

Acapulco, México/marzo

Bariloche, Argentina/julio

Parque nacional, Los Paraguas, Chile/octubre

1.   2.   3.

1.   *Es primavera y hace viento. Las chicas quieren navegar.*

2.   _____

_____

3.   _____

_____

el Caribe/mayo

Madrid, España/enero

México, D.F./agosto

4.   5.   6.

4. _____

_____

5. _____

_____

6. _____

_____

I. ¿Qué actividades asocia usted con el tiempo?

MODELO: ¿Qué prefiere usted hacer cuando *hace mal tiempo?* →
Cuando hace mal tiempo, prefiero leer en casa.

hace buen tiempo	hace mucho viento	llueve
hace frío	hace sol	nieva
hace mucho calor		

1. ¿Qué prefiere usted hacer cuando _____?

_____

2. ¿Qué prefiere usted hacer cuando _____?

_____

3. ¿Qué prefiere usted hacer cuando _____?

_____

4. ¿Qué prefiere usted hacer cuando _____?

_____

5. ¿Qué prefiere usted hacer cuando _____?

_____

J. Lea los planes y las preferencias de la profesora Martínez y luego, en una hoja de papel aparte, escriba por lo menos dos párrafos sobre los planes, deseos y preferencias de usted.

Me gustan mucho los meses de invierno. En el invierno hace frío aquí en San Antonio. Me gusta escuchar música y leer al lado de la chimenea especialmente cuando llueve, pero prefiero ir a las montañas cuando nieva. Me gusta jugar en la nieve. En el verano siempre voy a Guanajuato. ¡Es una ciudad muy bonita!

Este verano voy a viajar a México. Primero voy a ir a Guanajuato a visitar a mis parientes. Un fin de semana voy a acampar en las montañas con toda la familia. Después voy a ir a Puerto Vallarta por una semana. Hace mucho calor pero me gusta mucho la playa. Quiero nadar, leer y descansar. Luego voy a ir a la Ciudad de México. En el verano llueve mucho allí pero no hace frío. Voy a visitar muchos museos y voy a cenar en mis restaurantes favoritos. También quiero pasear en el Parque de Chapultepec[1] y visitar los jardines flotantes[2] de Xochimilco. ¿Y usted?

▶ REPASO DE PALABRAS Y FRASES ÚTILES

Complete estas conversaciones con la oración adecuada según la situación.

A qué hora	Nos vemos	Qué buena idea
Ni pensarlo	Por qué	Yo también

1.

2.

3.

4.

---

[1]Parque… parque grande en el centro de México, D.F.   [2]jardines… *floating gardens*

Resumen cultural

Complete las oraciones y conteste las preguntas con nombres, palabras y frases de la lista.

Penélope Cruz	Acapulco	la peseta	historia del arte
Julio Iglesias	Veracruz	el peso	diseño gráfico
Federico García Lorca	Chihuahua	la plaza	psicología
Carmen Zapata	Guadalajara	el verano	ciencias de la comunicación
Rita Moreno	Mérida	el otoño	derecho
Edward James Olmos	Monterrey	hace buen tiempo	sociología
Octavio Paz	Sevilla	hace frío	ciencias políticas
	primaria		arquitectura
	preparatoria		antropología

1. En los Estados Unidos se usa el dólar, pero en España se usa _____.

2. En México los cuatro niveles de educación son la _____, la secundaria, la

    _____ y la universitaria.

3. En muchas ciudades hispanas la gente se reúne en _____ para charlar y

    descansar.

4. _____ es la presidenta de la Fundación Bilingüe de las Artes en Los Ángeles.

5. _____ es un famoso poeta y dramaturgo español.

6. _____ y _____ son ciudades mexicanas en el

    Golfo de México.

7. _____ y _____ son ciudades en el norte de México.

8. ¿Qué estación es en Paraguay en febrero? Es _____.

9. ¿Cómo es el clima de Venezuela? _____.

10. ¿Cuáles son dos especialidades en el área de ciencias sociales que se ofrecen en la Universidad

    del Valle de México? _____ y _____

11. ¿Cuáles son dos especialidades en el área de arte y humanidades que se ofrecen en la

    Universidad del Valle de México? _____ y _____

Actividades auditivas

✳ **Para empezar**

A.   La familia de Esteban

Esteban Brown hace una presentación sobre los miembros de su familia en la clase de español.

¿Cuáles son las preferencias de los miembros de la familia de Esteban? Hay más de una respuesta posible.

1. —— Esteban

2. —— su madre

3. —— su padre

4. —— Michael

a.   Le gusta nadar.
b.   Prefiere bailar.
c.   Le gusta hacer preguntas.
d.   Prefiere jugar al fútbol.
e.   No le gusta estudiar.
f.   Prefiere hablar español.
g.   Le gusta jugar al tenis.

B.   ¡Un momentito, por favor!

Pilar Álvarez está en su trabajo, en la Compañía Telefónica de Madrid.

Escuche a Pilar y escriba el nombre completo y el número de teléfono de la persona que menciona.

1.   Nombre: el doctor Manuel Hernández ————————————

2.   Número de teléfono: ——-—— ——-—— ——-——

✳ Los planes

C. Los planes de Amanda

VOCABULARIO ÚTIL

el centro   *downtown*
contigo/conmigo   *with you / with me*
los adultos   *adults*
¿De acuerdo?   *OK?*

Hoy es sábado y Ernestito conversa con su hermana sobre los planes de Amanda para esta tarde.

Ponga en el orden correcto estos planes, marcando los espacios en blanco del 1 al 4.

a. _____ Amanda va a descansar con su amiga.

b. _____ Ernestito va a ir al centro con «los adultos».

c. _____ Amanda va a jugar al tenis con Graciela.

d. _____ Amanda va a ir al centro con algunos amigos.

✳ Las clases

D. Una clase divertida

VOCABULARIO ÚTIL

el estacionamiento   *parking lot*
aprendo   *I learn*
la palabra   *word*

Lan Vo habla con Raúl Saucedo en el estacionamiento de la universidad.

¿Cierto (**C**) o falso (**F**)?

1. _____ A Lan no le gusta la clase de español.

2. _____ Raúl dice que las clases de lenguas son aburridas.

3. _____ En la clase de Lan los estudiantes hacen muchos ejercicios de gramática todos los días.

4. _____ Raúl dice que va a visitar la clase de la profesora Martínez.

E. Los horarios de Mónica y Pablo

VOCABULARIO ÚTIL

¡Pobrecita!   *Poor thing!*
estamos libres   *we're free (we have free time)*
la cafetería   *cafeteria*

Mónica Clark y Pablo Cavic hablan de sus horarios de clase.

❖ ❖ ❖

El horario de Mónica

HORA	LUNES	MARTES	MIÉRCOLES	JUEVES	VIERNES
8:00	*español*				
9:00			*química*		*química*
10:00					
11:00					
12:00					
1:00	*literatura inglesa*				*literatura inglesa*
2:00					
3:00					
4:00					

El horario de Pablo

HORA	LUNES	MARTES	MIÉRCOLES	JUEVES	VIERNES
8:00		*español*			
9:00					
10:00	*historia*				
11:00					
12:00	*matemáticas*		*matemáticas*		*matemáticas*
1:00					
2:00					
3:00					
4:00					

✳ **Las preferencias y los deseos**

F. El Hotel Miramar

VOCABULARIO ÚTIL

el anuncio comercial   *advertisement*
la alberca   *swimming pool (Mex.)*
¡Disfruten!   *Enjoy!*

Ahora en KSUN, Radio Sol, vamos a escuchar un anuncio comercial del Hotel Miramar de la ciudad de Cancún, en México.

¿Son posibles estas actividades en el Hotel Miramar? Escriba **Sí** o **No.**

1. —— pasar las vacaciones con la familia

2. —— cocinar

3. —— nadar en el mar

4. —— nadar en una alberca

5. —— comer en un restaurante excelente

6. —— patinar en el hielo

7. —— tomar lecciones de esquí acuático

8. —— jugar al fútbol

G. ¡Vamos al cine!

VOCABULARIO ÚTIL

esta tarde   *this afternoon*
¡hasta los viernes!   *even on Fridays!*
¡No te creo!   *I don't believe you!*

Nora Morales habla con Raúl Saucedo después de la clase de español.

¿Quién dice esto, Nora (**N**) o Raúl (**R**)?

1. —— No tengo clase a las diez.

2. —— Voy a jugar al tenis por dos horas.

3. —— ¿Quieres ir a la cafetería?

4. —— Voy a lavar mi ropa.

5. —— En la noche, voy a ir al cine.

6. —— Prefiero estudiar.

7. —— Es una nueva película italiana. ¿Quieres ir?

✳ El tiempo

H. El pronóstico del tiempo

VOCABULARIO ÚTIL

el pronóstico   *forecast*
grados centígrados   *degrees centigrade*
hermoso   *beautiful*

Ahora vamos a escuchar el pronóstico del tiempo en
KSUN, Radio Sol.

Imagínese que hoy usted va a viajar a una de estas ciudades. ¿Qué ropa va a llevar?

Posibilidades: el abrigo, el suéter, el traje de verano, las botas, las sandalias

1. Londres _____

2. Madrid _____

3. Buenos Aires _____

4. Santo Domingo _____

5. Nueva York _____

✳ ¡A repasar!

I. La fiesta de Carmen

VOCABULARIO ÚTIL

las novelas   *novels*
la ciencia ficción   *science fiction*

Los estudiantes de la profesora Martínez tienen una fiesta
en casa de Carmen. Alberto, Carmen y Pablo conversan.

¿Cuáles son las actividades preferidas de las siguientes personas? Hay más de una respuesta posible.

1. _____ Alberto

2. _____ Carmen

3. _____ Pablo

a. Le gusta leer.
b. Prefiere hablar español.
c. Le gusta bailar.
d. Prefiere las novelas de ciencia ficción.
e. Le gusta jugar con sus perros.
f. Prefiere escuchar música.
g. Le gusta tener fiestas en su casa.

Pronunciación y ortografía

✳ **Ejercicios de pronunciación**

STRESSING THE CORRECT SYLLABLE

Most words in Spanish are not written with an accent mark. When you read words aloud, it is easy to know which syllable is stressed. There are three rules:

If the word ends in a <u>vowel</u> (**a, e, i, o, u**) or the <u>consonants</u> **n** or **s**, pronounce the word with the stress on the next-to-the-last syllable. For example: **<u>ca</u>-sa, <u>ba</u>-ño, <u>a</u>-ños, <u>pe</u>-so, e-<u>ne</u>-ro, <u>can</u>-ten, de-par-ta-<u>men</u>-to, <u>ba</u>-jen, ca-<u>mi</u>-nen.**

If the word ends in a <u>consonant</u> (except for **n** or **s**), pronounce the word with the stress on the last syllable. For example: **lu-<u>gar</u>, ter-mi-<u>nal</u>, es-pa-<u>ñol</u>, ver-<u>dad</u>, na-<u>riz</u>, me-<u>jor</u>, fa-<u>vor</u>.**

Regardless of what letter a word ends with, if there is a written accent mark, you must stress the syllable where the accent appears. For example: **es-<u>tó</u>-ma-go, <u>sué</u>-ter, <u>lá</u>-piz, <u>ár</u>-bol, au-to-<u>mó</u>-vil, ja-po-<u>nés</u>, per-<u>dón</u>, a-<u>quí</u>.**

 A.   Look at the following words and pronounce them with the stress on the next-to-the-last syllable. Note that they all end in a vowel, **n**, or **s**. Say the word first and then listen for confirmation.

1.	barba	6.	cabeza
2.	piernas	7.	pongan
3.	italiano	8.	castaños
4.	morado	9.	Argentina
5.	nombre	10.	hablen

B.   These words end in a consonant (other than **n** or **s**) and are therefore stressed on the last syllable.

1.	verdad	6.	señor
2.	azul	7.	hospital
3.	borrador	8.	reloj
4.	pared	9.	profesor
5.	regular	10.	mejor

C.   These words are written with an accent mark. Stress the syllable with the written accent.

1.	francés	6.	suéter
2.	fácil	7.	difícil
3.	café	8.	alemán
4.	teléfono	9.	sábado
5.	está	10.	inglés

✳ **Ejercicios de ortografía**

WORD STRESS

If a word of three syllables or more is stressed on any syllable other than the last or next to last, it must be written with an accent mark.

🎧 Listen and write the following words with accents on the third from last syllable. For example: **música, página, miércoles.**

1. _____ 9. _____

2. _____ 10. _____

3. _____ 11. _____

4. _____ 12. _____

5. _____ 13. _____

6. _____ 14. _____

7. _____ 15. _____

8. _____

 **V**ideoteca 📼

Necesito comprar... *I need to buy . . .*
No hay por qué *No problem; Don't mention it*
Busco *I'm looking for*
la antropología *anthropology*
precolombino/a *precolumbian, before the arrival of Columbus*
¿En serio? *Really?*
¿Me acompañas? *Want to come with me?*
juntos *together*
Creo que... *I think that . . .*

Sinopsis

Diego y Lupe se encuentran en la librería de la universidad. Los dos tienen clase de antropología con el mismo profesor. A Diego le gusta Lupe. Y tal vez a ella le gusta él también. Después de comprar sus libros, van a tomar un café y estudiar juntos.

Primero lea estas preguntas y luego vea el video para contestarlas.

A. ¿Sí o no? Indique qué clases tiene Lupe.

1. _____ antropología   5. _____ informática   9. _____ matemáticas

2. _____ arte moderno   6. _____ inglés   10. _____ psicología

3. _____ biología   7. _____ literatura   11. _____ sociología

4. _____ historia del arte   8. _____ ingeniería   12. _____ economía internacional

B. Complete las oraciones con la forma correcta del verbo más apropiado de la lista.

bailar   buscar   comprar   tomar

1. Lupe _____ libros para sus clases.

2. Diego necesita _____ libros también.

3. Lupe y Diego ————————————————— la clase de antropología juntos.

4. A Lupe y a Diego les gusta ————————————————— en su tiempo libre.

C. Ahora, nombre cuatro cosas más que Lupe necesita comprar en la librería.

——————————————————   ——————————————————

——————————————————   ——————————————————

 ecturas

 **Los nombres hispanos**

VOCABULARIO ÚTIL

Al nacer   *At birth*
algunas   *some*
el apellido de soltera   *maiden name*
cariñosa   *endearing*
el sobrenombre   *nickname*
honrar   *to honor*
el antepasado   *ancestor*
el santo   *saint*
católica   *Catholic*

Aquí tiene algunos de los nombres más populares en el mundo hispano. Lea y descubra por qué los hispanos generalmente tienen dos nombres y dos apellidos.

Al nacer, los hispanos reciben generalmente dos nombres. María Teresa, Jorge Luis y Mari Carmen son algunas combinaciones típicas. El nombre completo de la profesora Martínez, por ejemplo, es Adela Elisa Martínez Briceño. Adela es el nombre de su abuela materna; Elisa, el de su abuela paterna. Martínez es el apellido de su padre y Briceño, el apellido de soltera de su madre.

En el mundo hispano es costumbre usar también el apellido de la madre. Y muchos nombres tienen una forma familiar y cariñosa: el sobrenombre. El sobrenombre de Elena es Nena; el de Jorge, Yoyi; y el de Alberto, Beto.

A los hispanos les gusta honrar a sus parientes. Dar a un niño el nombre de un antepasado, de un tío o de un abuelo es una manera especial de recordar a esa persona. En algunos casos, el primer nombre es el de un santo. Por ejemplo, un niño de familia católica nace el día cinco de septiembre y sus padres le dan el nombre de Tomás. El niño celebra entonces su cumpleaños en septiembre y además celebra el día de su santo, en este caso el siete de marzo, día de Santo Tomás de Aquino.

Comprensión

Diga si las siguientes oraciones son ciertas o falsas. Si son falsas, haga la corrección necesaria.

MODELO: Los hispanos generalmente reciben un solo nombre. →
Falso: Los hispanos generalmente reciben dos nombres.

1. Los hispanos llevan sólo el apellido del padre.

——————————————————————————————————————

2. El sobrenombre es la forma familiar de un nombre.

——————————————————————————————————————

3. A los hispanos les gusta honrar a sus parientes.

_____

4. Algunos hispanos católicos celebran el día de su santo.

_____

Ahora... ¡usted!

1. ¿Tiene usted dos nombres? ¿Usa los dos? ¿Por qué? ¿Tiene un sobrenombre o un nombre cariñoso que sólo sus amigos saben? ¿Le gusta ese sobrenombre?

_____

_____

_____

_____

2. ¿Cuáles son sus dos apellidos (paterno y materno)? ¿Le gustaría usar los dos? ¿Por qué? Explique.

_____

_____

3. Si usted es católico/a, ¿celebra el día de su santo? ¿Qué santo es? ¿Coincide este día con su cumpleaños?

_____

_____

Un paso más... ¡a escribir!

¿Cuáles son los nombres? ¿Cuál es el apellido del padre? ¿Y el de la madre? Al final, ¡invente dos nombres!

MODELO: Virginia Elisa Fernández Morales →
Los nombres son Virginia y Elisa. Fernández es el apellido del padre. Morales es el apellido de la madre.

1. María Luisa García Fernández

_____

2. José Ignacio Martínez Gutiérrez

_____

3. Irma Angélica Hernández Ochoa

_____

4. Carlos Rafael Álvarez Carrasco

_____

5. Tomás Benito Valdés González

_____

6. ¿ ? _____

7. ¿ ? _____

 **LECTURA** **Los amigos hispanos:
La escuela de Ernestito**

VOCABULARIO ÚTIL

Obviamente *Obviously*
enorme *enormous*
el rincón *corner*
la bandera *flag*
Afuera *Outside*
el recreo *recess*

Ésta es la descripción que hace un niño mexicano de su escuela. Obviamente, ¡le gusta mucho!

¡Buenos días, amigos! Me llamo Ernestito Saucedo y tengo ocho años. Soy estudiante en una escuela primaria, el Colegio Benito Juárez,[1] en la Ciudad de México.

Me gusta mi escuela, ¡de verdad! Es una escuelita[2] vieja pero bonita. Los salones de clase son grandes, con muchas ventanas. El escritorio de la maestra es enorme y está enfrente de la clase. En las paredes hay dibujos y fotos que son parte de nuestras lecciones. Y algunos son mis dibujos, pues… ¡soy un poquito artístico!

En el salón también hay tres pizarras, y las tres son verdes; no son negras. Y en un rincón está la bandera de México con los colores nacionales: verde, blanco y rojo. Afuera hay un patio grande con unos árboles gigantes. Me gusta mucho salir a la hora del recreo y correr o jugar al fútbol con mis amiguitos.

Me gusta mucho mi escuela. ¡De verdad!

Comprensión

¿Cierto (**C**) o falso (**F**)?

Ernestito dice que…

1. ——— su escuela está en la Ciudad de México.
2. ——— los salones de clase son pequeños.
3. ——— el escritorio de la maestra está enfrente de la clase.
4. ——— los colores de la bandera mexicana son verde, blanco y azul.
5. ——— a la hora del recreo le gusta jugar con sus amiguitos.

Ahora… ¡usted!

1. ¿Tiene hijos o hermanos que están en la escuela primaria? ¿Les gustan su escuela y su salón de clase? ¿Por qué?

_____

_____

_____

[1]Benito… presidente de México de 1857 a 1865 y 1867 a 1872   [2]-ito/a *added at the end of a word denotes "little"*

2. ¿Piensa usted que los niños generalmente reciben una buena educación en la escuela primaria? ¿Y los jóvenes en la secundaria?

_____

_____

_____

3. ¿Le gusta a usted la universidad donde estudia? ¿Hay algunas cosas que le gustan y otras que no le gustan? ¿Cuáles, por ejemplo?

_____

_____

_____

Un paso más... ¡a escribir!

¿Recuerda usted la escuela de su infancia? Imagínese que tiene ocho años y ahora está en la escuela. Descríbala en dos párrafos. ¿Cómo es el salón de clase? ¿Le gusta el lugar?

EL MUNDO HISPANO... LA GENTE

Cecilia Ortega tiene 24 años y es de España.

¿Qué le gusta hacer en su tiempo libre?

Leer me apasiona;[1] prácticamente devoro[2] los libros. Me gustan especialmente las novelas policíacas o de misterio, y las biografías.
También voy al cine una vez por semana. En general, detesto las películas violentas y las comedias de chiste fácil,[3] aunque me gustan mucho las comedias inteligentes.

[1]me... *is my passion*   [2]*I devour*   [3]de... *simplistic*

Comprensión

1. ¿Cuál es la actividad favorita de Cecilia?

_____

2. ¿Cuántas veces por semana va ella al cine?

_____

3. ¿Qué tipo de libros le gusta leer a Cecilia?

_____

Los lugares y las actividades

Actividades escritas

✳ Los lugares

Lea Gramática 3.1.

A. ¿Adónde va usted para hacer estas cosas?

> MODELO: ¿Adónde va usted para comprar comida? → *Voy al supermercado.*

¿Adónde va usted…

1. para comer? _____

2. para nadar? _____

3. para estudiar? _____

4. para comprar libros? _____

5. para comprar papel y lápices? _____

6. para tomar el sol? _____

B. ¿Dónde están estas personas?

> MODELO: Llevan traje de baño y están charlando, escuchando música y tomando el sol. → *Están en la playa.*

1. Hay muchos jóvenes que están leyendo y escribiendo en silencio. Hay muchos libros.

   _____

2. Es un lugar grande. Varias personas están rezando en silencio o meditando.

   _____

3. Hay mucha gente: niños, jóvenes y adultos. Todos están viendo cuadros de pintores españoles famosos como Velázquez, El Greco, Goya, Picasso, etcétera.

   _____

4. Hay varios médicos y hay muchas personas que están enfermas.

_____

5. Es un lugar grande. Hay vestidos, blusas, pantalones, camisas, corbatas, abrigos, etcétera.

_____

6. Hay una profesora, muchos estudiantes, pizarras, un escritorio y muchos pupitres.

_____

7. Hay mucha gente joven. Todos están bailando y escuchando música. Hay poca luz.

_____

C. ¿Qué hacemos en los siguientes lugares?

MODELO: En la farmacia → En la farmacia *compramos medicinas.*

1. En un museo _____.

2. En una zapatería _____.

3. En un almacén _____.

4. En un lago _____.

5. En una iglesia _____.

6. En la biblioteca _____.

✳ Las actividades diarias

Lea Gramática 3.2–3.3.

D. Escriba las actividades de un día típico en su vida. Use verbos de esta lista: **asistir a, caminar, charlar, escribir, estudiar, explorar el Internet, hablar, hacer (la tarea), jugar, leer, llegar, manejar, planchar, regresar, salir, trabajar.** Recuerde que las formas que necesita usar son las formas que corresponden al pronombre **yo:** asist**o**, charl**o**, escrib**o**, hag**o**, etcétera.

MODELO: ¿A las cinco de la tarde? → (Yo) *Estudio en la biblioteca.*

1. ¿A las siete y media de la mañana? _____

2. ¿A las nueve de la mañana? _____

3. ¿A mediodía? _____

4. ¿A las dos de la tarde? _____

5. ¿A las cuatro de la tarde? _____

6. ¿A las seis y media de la tarde? _____

7. ¿A las ocho y media de la noche? _____

8. ¿A las diez y cuarto de la noche? _____

9. ¿A medianoche? _____

E. Suponga que usted va a compartir una habitación en la residencia estudiantil con otro/a estudiante. Usted quiere saber si van a tener conflictos o no. Escriba cinco preguntas (o más) sobre las actividades diarias o hábitos. Use verbos como **almorzar, bailar, beber, charlar, comer, dar fiestas, desayunar, divertirse, dormir, escuchar, fumar, hablar, hacer ejercicio, invitar, jugar, lavar, limpiar, leer, levantar pesas, llegar, recibir, recoger, regresar, salir, tocar (el piano, etcétera), trabajar, usar, ver la televisión.** Recuerde: las formas corresponden al pronombre **tú:** almuerz**as**, charl**as**, com**es**, sal**es**, etcétera.

MODELO: ¿Lees? ¿Lees mucho o poco? ¿Te gusta leer en tu casa, en la biblioteca o afuera?

1. _____

   _____

2. _____

   _____

3. _____

   _____

4. _____

   _____

5. _____

   _____

F. Lea este párrafo sobre la rutina de Raúl.

Soy estudiante de primer año en la universidad de Texas en San Antonio y vivo en una residencia estudiantil de la universidad. Todos los días me levanto muy temprano y asisto a clases. Los sábados mi rutina es diferente. Los sábados me levanto un poco más tarde. Me ducho rápido porque a las nueve y media desayuno en un restaurante con varios amigos. Después regreso a la residencia y estudio varias horas. A la una almuerzo en la cafetería de la residencia, luego camino o corro o nado por una hora. Después me ducho y descanso. A las seis de la tarde ya estoy listo para ir al cine o al teatro o a bailar o…

Ahora escriba un párrafo sobre su propia rutina de los sábados. Use una hoja de papel aparte.

✳ ¿De dónde es usted?

Lea Gramática 3.4.

G. Complete las siguientes oraciones con la nacionalidad correcta. Use el mapa al comienzo (*beginning*) y al final del libro de texto.

MODELO: Ricardo Sícora es de Caracas, es *venezolano.*

1. Armando Pinillos López es de Lima, es _____.

2. Juan Llorens Munguía es de Barcelona, es _____.

3. Patricia Quiñones Romo es de La Paz, es _____.

4. Margarita Acosta García es de Quito, es _____.

5. Rodrigo Lara Bonilla es de Bogotá, es _____.

6. Cristina García Quijano es de Buenos Aires, es _____.

7. Miguel Luis Peyro Carrillo es de Durango, es _____.

8. Luz Marina Mora Sánchez es de San José, es _____.

H. ¿Conoce usted a algunas personas de otros países? Lea el modelo y después describa a dos de ellas en uno o dos párrafos. Incluya, por lo menos, la siguiente información básica: ¿Cómo se llama la persona? ¿Cuántos años tiene? ¿De dónde es? (ciudad, país) ¿Dónde vive él/ella ahora? ¿Dónde vive su familia? ¿Qué estudia esta persona? ¿Es casado/a o soltero/a? ¿Tiene hijos? ¿Qué le gusta hacer?

MODELO: Se llama María Elena Pizano. Es boliviana, de La Paz, pero ahora es ciudadana norteamericana. Tiene veinte años. Ella y sus padres viven en San Francisco. Sus hermanos viven en Bolivia. Es soltera y no tiene hijos. No estudia; trabaja en un almacén. Le gusta jugar al tenis con sus amigos y salir a bailar con su novio Richard.

✳ Las actividades del momento

Lea Gramática 3.5.

I. Mire los dibujos y describa qué están haciendo. Luego, explique si es normal o no y por qué.

MODELO:

El gato y el perro están jugando. A veces es posible pero no es normal. A los gatos no les gusta jugar con los perros.

1. _____
   _____
   _____

2. _____
   _____
   _____

3. _____
   _____
   _____

4. _____

_____

_____

5. _____

_____

_____

6. _____

_____

_____

J. ¿Qué están haciendo?

    MODELO: Es lunes y son las seis de la mañana. Usted está en su casa. ¿Qué está haciendo? →

    Estoy durmiendo. ¡Es muy temprano! _____

1. Es martes. Son las diez de la noche y usted está en la biblioteca. ¿Qué está haciendo?

_____

2. Es viernes y son las siete de la tarde. Usted y su novio/a (esposo/a) están en el cine. ¿Qué están

haciendo?

_____

3. Son las ocho de la noche. Usted está en un restaurante elegante. ¿Qué está haciendo?

_____

4. Es sábado. Son las diez de la mañana. Sus amigos están en la playa. ¿Qué están haciendo?

_____

_____

5. Es/Son la(s) _____ de la _____. Usted y su

mejor amigo/a están en _____. ¿Qué están haciendo?

_____

Use algunas de estas palabras y expresiones para completar correctamente lo que dicen las personas que aparecen en cada situación. Consulte las expresiones de cortesía al comienzo del libro de texto.

A dónde va	De acuerdo	De veras
Cuidado	De nada	Lo siento

1.

2.

3.

4.

Resumen cultural

Complete las oraciones con los nombres, palabras o frases de la lista.

Antoni Gaudí	Madrid	Nueva Jersey	*Stand and Deliver*
Paul Rodríguez	Texas	Nuevo México	*Zoot Suit*
Pablo Picasso	Arizona	la Iglesia de la Sagrada Familia	Americanos
Edward James Olmos	Michigan	el Rastro	30.000.000
Barcelona	Colorado	la Plaza Mayor	130.000
Granada	Florida		
Albuquerque	Los Ángeles		

1. Muchas personas toman café y conversan en —————————— de Madrid.

2. ———————————————— es un mercado al aire libre en la ciudad española de

———————————————— .

3. ———————————————— es un famoso arquitecto español.

4. El actor mexicoamericano ———————————————— hizo el papel de Jaime Escalante en la

película ———————————————— .

5. Edward James Olmos colabora en un libro titulado ————————————————. Este libro muestra

las muchas contribuciones de los hispanos en los Estados Unidos.

6. Los mexicoamericanos viven principalmente en los estados de California,

————————————————, ————————————————, ———————————————— y

———————————————— .

7. Muchos cubanos viven en los estados de California, ———————————————— y

———————————————— .

8. Hay más de ———————————————— de hispanos que residen en los Estados Unidos.

9. ————————————————, diseñada por Antoni Gaudí está en la ciudad española de

———————————————— .

10. Edward James Olmos nació en la ciudad de ———————————————— .

Actividades auditivas

❊ **Para empezar**

A. El Club Pacífico

Un anuncio del Club Pacífico en KSUN, Radio Sol de California.

¡Los esperamos!

¿Qué actividades son mencionadas en el anuncio sobre el Club Pacífico?

1. ——— nadar y montar a caballo

2. ——— jugar al fútbol

3. ——— hacer ejercicio en el club

4. ——— leer una novela popular

5. —— correr o descansar en el parque

6. —— practicar deportes

B. El tiempo en México y en Buenos Aires

Adriana Bolini es argentina y viaja mucho por su trabajo. Ahora está en la Ciudad de México y conversa con un amigo.

Complete la información sobre el tiempo.

	BUENOS AIRES	MÉXICO
En enero	*hace buen tiempo*	
En julio		

✳ Los lugares

C. Guillermo, el desorganizado

VOCABULARIO ÚTIL

le ayuda   *helps him*
sobre   *on, upon*
¡Caray!   *Darn!; Oh brother!* (*expression of disgust or impatience*)

Es hora de ir a la escuela. Guillermo, el hermano de Amanda, no sabe dónde están sus cosas. Amanda le ayuda.

¿Dónde están las cosas de Guillermo?

1. ____ el cuaderno
2. ____ los libros
3. ____ la chaqueta
4. ____ los zapatos

a. Están en la piscina.
b. Está sobre la cama.
c. Están en sus pies.
d. Están en la silla.
e. Está sobre la mesa.
f. Está en la escuela.

D. Me encuentro perdido

VOCABULARIO ÚTIL

Me encuentro perdido   *I find myself lost*
¿te ayudo en algo?   *can I help you?*
¿Me puedes dirigir a... ?   *Can you tell me where . . . is?*
Por supuesto   *Of course*
¿Dónde se encuentra... ?   *Where is . . . located?*
las canchas de tenis   *tennis courts*
el Centro Universitario   *University Center*
empieza   *begins*
Hasta pronto   *See you soon*

Es el primer día de clases y Raúl le pide instrucciones a Nora. Los dos conversan en el patio de la plaza central.

❖ ❖ ❖

¿Dónde están estos edificios en la Universidad de Texas en San Antonio?

1. La Facultad de Ciencias está _____.
2. La Facultad de Ingeniería está _____.
3. Los laboratorios de Ciencias están _____.
4. La Facultad de Bellas Artes está _____.
5. Las canchas de tenis están _____.
6. La parada de autobuses está _____.

E. El permiso

VOCABULARIO ÚTIL

el permiso   *permission*
la tienda de videos   *video store*
la acción   *action*

Amanda está en el colegio y quiere ir al centro. Llama a su mamá para pedirle permiso.

Llene los espacios en blanco con la información necesaria.

GUILLERMO DICE:	AMANDA DICE:
Residencia ____ ____ _____[1] Saucedo.	Quiero hablar con mamá.
Mamá _____ ____[2] el mercado.	Mamá no _____ ____[3] mercado los viernes.
¿Tienes un problema?	_____ a ____[4] de compras y necesito permiso.
¿Qué _____ ____[5] comprar?	Voy ____ _____[6] una película en la tienda de videos.

❋ Las actividades diarias

F. Un fin de semana ideal

VOCABULARIO ÚTIL

los dulces   *candy*
¡Bah!   *Oh! (expression of disgust)*
los videojuegos   *video games*

Es viernes y Amanda conversa con sus dos hermanos, Guillermo y Ernestito, después de la cena.

¿A quién se refieren las siguientes actividades ideales, a Amanda (**A**), a Guillermo (**G**) o a Ernestito (**E**)?

1. ____ Come dulces todo el día.

2. ____ Pasa el día en el centro de videojuegos.

3. ____ Juega con su perro, Lobo.

4. ____ Duerme hasta muy tarde.

5. ____ Anda en patineta.

6. ____ Mira la televisión.

7. ____ Lee una novela.

✳ ¿De dónde es usted?

G. La fiesta de Pilar

VOCABULARIO ÚTIL

te presento *I'll introduce you to*
Encantada *Very pleased to meet you*
¡Bienvenida! *Welcome!*
Es un placer *It's a pleasure*
tejana *Texan*

Ciudades mencionadas

Managua, Nicaragua
San Antonio, Texas
Madrid, España
Valparaíso, Chile
La Habana, Cuba

Clara Martin está en una fiesta en Madrid, en casa de Pilar Álvarez, su amiga madrileña. Hay estudiantes de varios países en la fiesta.

❖ ❖ ❖

¿De dónde son los estudiantes que Clara conoce en la fiesta?

	CIUDAD	PAÍS
1. David Fuentes	_____	_____
2. José Estrada	_____	_____
3. María Luisa Correa	_____	_____
4. Ester Fernández	_____	_____

✳ Las actividades del momento

H. En la clase de historia

VOCABULARIO ÚTIL

la independencia *independence*
la gente *people*
encontrar *to find*
una manera muy extraña *very strange way*

Ramón Gómez y su amigo Rafael Quesada son estudiantes de primer año de preparatoria en el Colegio Sagrado Corazón. Hoy están en la clase de historia. Ramón está mirando por la ventana.

❖ ❖ ❖

Llene los espacios en blanco con la información necesaria.

1. La fecha de la independencia de los Estados Unidos es 1776. Pero la fecha de la independencia
   de México es después, en _____.

2. Ramón no está leyendo; él _____ _____ por la ventana.

3. El libro de Ramón está _____ del pupitre.

4. Los otros estudiantes _____ _____ la página 238.

5. Ramón _____ _____ en Amanda.

✳ ¡A repasar!

I. La presentación

VOCABULARIO ÚTIL

nuestro grupo   *our group*
mala memoria   *poor memory*
¡Todos menos tú!   *Everyone except you!*

Esteban llama por teléfono a su amiga Carmen.

❖   ❖   ❖

Combine las frases de cada una de las tres columnas para formar oraciones basadas en el diálogo.

PERSONA(S)	¿DÓNDE ESTÁ(N)?	¿QUÉ ESTÁ(N) HACIENDO / VA(N) A HACER?
Carmen		está pintando un cartel
Mónica	en el jardín	va a traer una pizza
Pablo	en el garaje	está escribiendo
Luis y Lan	afuera	está conversando
Nora	en su casa	están con Nora
Esteban		está practicando con Alberto

1. _____

2. _____

3. _____

4. _____

5. _____

6. _____

Pronunciación y ortografía

✳ Ejercicios de pronunciación

I. PRONUNCIACIÓN: THE SILENT h

The letter **h** is never pronounced in Spanish.

A. Listen and then pronounce the following words that are written with the letter **h.**

hable, hombros, hombre, hola, hasta luego, hermano, hijo, hispano, hace, ahora

B. Listen and then pronounce the following sentences. Be sure not to pronounce the letter **h.**

1. ¿Qué hora es?
2. Los hombros del hombre son muy grandes.
3. Tengo tres hermanos; no tengo hijos.
4. —Hablo con usted mañana.
   —Hasta luego.
5. Hace mal tiempo ahora.

II. PRONUNCIACIÓN: **b, v**

The letters **b** and **v** are pronounced exactly the same in Spanish. Usually the lips are close together, but they are not completely closed. There is no equivalent sound in English, because English *b* is pronounced with the lips completely closed and English *v* is pronounced with the upper teeth on the lower lip.

A. Listen and then pronounce the following words, concentrating on producing an identical soft **b** sound for both **b** and **v.**

abuela, novio, favorito, avenida, debajo, febrero, cabeza, nuevo, lleva, corbata, automóvil

When preceded by the letters **m** or **n**, both **b** and **v** are pronounced hard as the English letter *b*, as in *boy*.

B. Listen and then pronounce the following words. Concentrate on producing a hard **b** sound for both **b** and **v.**

invierno, hombros, hombre, sombrero

C. Concentrate on the correct pronunciation of the letters **b** and **v** as you listen and then pronounce the following sentences.

1. El hombre lleva sombrero.
2. No hablen; escriban en sus cuadernos.
3. Yo nací en febrero y mi novio nació en noviembre.
4. Mi abuelo lleva corbata.
5. El automóvil nuevo está en la novena avenida.
6. Mi clase favorita es biología.
7. En el invierno llevo abrigo.
8. El libro está debajo del pupitre.
9. La primavera es mi estación favorita.
10. La estudiante nueva no habla bien el español.

✳ **Ejercicios de ortografía**

I. THE SILENT **h**

The letter **h** is silent in Spanish. If a word is spelled with an **h,** however, you must remember to write it, even though you do not hear it.

Listen and write the following words and phrases.

1. _____ 6. _____

2. _____ 7. _____

3. _____ 8. _____

4. _____ 9. _____

5. _____ 10. _____

II. WRITING b, v

The spelling of words written with a **b** or a **v** must be memorized, since there is no difference in pronunciation.

Listen and write the words you hear, using **b** or **v.**

1. _____ 6. _____

2. _____ 7. _____

3. _____ 8. _____

4. _____ 9. _____

5. _____ 10. _____

III. WORD STRESS

If a word ends in a consonant (except **n** or **s**), it is normally stressed on the last syllable. For example: **hospital, universidad.** If the word ends in a consonant and is not stressed on the last syllable, an accent mark must be written on the stressed syllable.

Listen and write the words you hear. All must be written with an accent mark.

1. _____ 4. _____

2. _____ 5. _____

3. _____

 ideoteca

VOCABULARIO ÚTIL

No te oigo   *I can't hear you*
cariño   *sweetheart*
agradable   *pleasant*
precupado   *worried*
la habitación   *room*
diga   *hello (when answering the phone in Spain)*
recado   *message*
La Coruña   *city in northern Spain*
lloviendo a cántaros   *raining cats and dogs (pitchers)*
la estantería   *shelving*
la cama   *bed*
el portafolios   *briefcase*

Sinopsis

Manolo busca los exámenes de sus estudiantes, pero Lola quiere planear un *picnic* para el sábado. Suena (*rings*) el teléfono y Manolo habla primero con una amiga de su hija y luego con Carlos Suárez, un amigo que vive en el norte de España. Carlos y su familia van a ir a Sevilla para visitar a Manolo y Lola.

Primero lea las siguientes preguntas y luego vea el video para contestarlas.

A. ¿Cierto (**C**) o falso (**F**)?

1. _____ Lola escucha la radio.

2. _____ Manolo busca su reloj.

3. _____ Lola dice que mañana va a hacer sol.

4. _____ Es el mes de mayo.

5. _____ La hija de Lola y Manolo está con ellos en casa.

6. _____ Carlos llama por teléfono.

7. _____ Manolo quiere ir al parque mañana con los Suárez.

8. _____ Lola encuentra los exámenes de Manolo debajo de la cama.

B. Empareje las personas, los lugares y las cosas con las descripciones.

1. _____ Begoña

2. _____ Carlos Suárez

3. _____ Carolina

4. _____ La Coruña

5. _____ el cuaderno

6. _____ los exámenes

7. _____ Lola

8. _____ Manolo

9. _____ Marta

10. _____ Sevilla

a. amiga de Marta
b. hace frío y llueve
c. hace buen tiempo
d. tiene un nuevo trabajo en La Coruña
e. dentro del portafolios
f. busca sus exámenes en su apartamento
g. profesora en la universidad
h. hija de Manolo y Lola
i. grande y amarillo
j. esposa de Carlos

Lecturas

NOTA CULTURAL Música para todos los gustos

VOCABULARIO ÚTIL

ya   *already*
Los éxitos   *Hits*
indígena   *native, indigenous*
el suceso   *event, development*
reflejan   *they reflect*
viejitas pero bonitas   *oldies but goodies*

Hablamos aquí de varios tipos de música y de la presencia musical hispana en los Estados Unidos. Usted seguramente ya conoce a algunos de los cantantes y los estilos mencionados.

La música es un aspecto esencial de la cultura hispana. Los éxitos musicales del momento se escuchan en todas partes. Y siempre hay gran variedad: números bailables, baladas románticas, canciones de rock. La música folclórica también se escucha mucho. Hay países, como Bolivia y Perú, que tienen una tradición indígena muy rica. Estos países producen varios tipos de música con instrumentos nativos. Y los ritmos tradicionales de origen africano, como la cumbia de Colombia y la bachata de la República Dominicana, son muy populares en todo el mundo hispano.

Hoy en día la música latina tiene gran impacto en los Estados Unidos. Hay cantantes de mucho éxito como el puertorriqueño Ricky Martin, el español Enrique Iglesias y la colombiana Shakira.[1] Estos jóvenes cantan en inglés y en español, e incorporan ritmos latinos en sus canciones. Todos representan bien el fenómeno cultural llamado *cross-over*. Pero no sólo los artistas jóvenes reciben el aplauso entusiasta del público estadounidense.[2] Hay músicos mayores muy famosos en este país y en todo el mundo. Entre ellos está Ibrahim Ferrer, cantante cubano del aclamado disco compacto *The Buena Vista Social Club*.

La presencia musical hispana en los Estados Unidos no es un suceso reciente. De hecho, en la década de los años 20, se pone muy de moda en este país el tango argentino. Luego los estilos hispanos se notan en las películas musicales de Hollywood, en las obras de teatro de Broadway y en el jazz. Por último, en los años 40 y 50, hay una explosión de música latina en Nueva York, con influencia puertorriqueña y cubana. Lo que sí podemos decir es que hoy en día muchos cantantes y músicos hispanos están en el *mainstream* de la sociedad norteamericana.

Los programas de las estaciones de radio en España y América Latina reflejan la variedad de música que los hispanos escuchan: rock, rap, hip-hop, canciones románticas, ritmos bailables, música folclórica, los éxitos más recientes pero también las *oldies*, «viejitas pero bonitas». Es decir, ¡música para todos los gustos!

Comprensión

Identifique.

1. _____ cumbia	a. música bailable de Colombia
2. _____ Ricky Martin	b. se usan para interpretar la música folclórica
3. _____ tango	c. cantante puertorriqueño
4. _____ Shakira	d. música de moda en los Estados Unidos en los años 20
5. _____ instrumentos nativos	e. países de rica tradición musical indígena
6. _____ bachata	f. cantante colombiana muy famosa
7. _____ *Buena Vista Social Club*	g. música tradicional de la República Dominicana
8. _____ Bolivia y Perú	h. un disco muy popular de música tradicional cubana
	i. canciones de rock muy populares

Ahora... ¡usted!

1. Hay varios grupos musicales y cantantes hispanos famosos en los Estados Unidos. ¿Puede usted mencionar algunos? ¿Escucha la música de estos artistas? ¡Descríbala!

_____

_____

---

[1]Ricky Martin tiene un estilo explosivo, combinación de ritmos bailables y temas románticos. Enrique Iglesias es más tradicional: baladas y temas de amor. Y Shakira es una joven que escribe sus propias (*own*) canciones con temas poéticos. (Ver **Vida y cultura** en la página 176 del libro de texto para más información sobre Shakira.)

[2]Si quiere saber más sobre la influencia de la música hispana en los Estados Unidos, le recomendamos el libro *The Latin Tinge* (Oxford University Press, 1999), de John Storm Roberts.

2. ¿Qué tipo de música le gusta escuchar a usted? Marque sus preferencias.

TIPO DE MÚSICA	ME GUSTA MUCHO	UN POCO	NO ME GUSTA
clásica	_____	_____	_____
jazz	_____	_____	_____
rock	_____	_____	_____
rap	_____	_____	_____
hip-hop	_____	_____	_____
folclórica	_____	_____	_____
popular	_____	_____	_____
otro tipo de música	_____	_____	_____

Un paso más... ¡a escribir!

Entreviste a un compañero o una compañera de clase para saber qué tipo de música escucha. Puede utilizar la lista anterior como guía. Luego, escriba una composición de una página titulada *La música favorita de...*

 **LECTURA** # Los amigos hispanos: Marta en Puerto Rico

VOCABULARIO ÚTIL

la vida   *life*
la arquitectura colonial   *colonial architecture*
me encanta   *I really like*
el clima   *climate*
Estudié   *I studied*
el consulado   *consulate*
tibia   *warm*
extraño   *I miss*

Lugares mencionados

Durango   *city in Northern Mexico*
Isla Verde   *beach in San Juan, Puerto Rico*
el mar Caribe   *Caribbean Sea*

Marta Guerrero es de Durango, México, pero ahora vive en Puerto Rico. Aquí Marta describe su vida. ¡Es una vida interesante!

Hola, amigos. Me llamo Marta Guerrero. Soy mexicana, de Durango. Durango es una ciudad muy bonita en el norte de México. Es una ciudad vieja: ¡tiene más de cuatrocientos años! Me gustan mucho sus casas y edificios de arquitectura colonial. Pero no me gusta su clima. En Durango hace frío durante el invierno y mucho calor en el verano. Ahora vivo en Puerto Rico y me encanta su clima porque hace buen tiempo todo el año.

Estudié ciencias sociales en la Universidad Juárez de Durango, y ahora trabajo en el consulado de México aquí en San Juan. Trabajo diez horas diarias, cinco días a la semana. Son muchas horas, sí, pero trato de hacer tiempo en la mañana para correr por la playa. Además, tengo los sábados y los domingos libres. Los fines de semana voy a Isla Verde con mis amigos y mis compañeros de trabajo. Allí nado, buceo, tomo el sol. ¡El mar Caribe es fantástico! El agua está tibia todo el año. Por las tardes jugamos al voleibol y por la noche cantamos hasta muy tarde.

Debo admitir que a veces extraño a mi familia y a mis amigos mexicanos. Pero la verdad es que me gusta mucho vivir en Puerto Rico.

Comprensión

Indique a qué o a quién se refieren estas descripciones: a Durango (**D**), a Puerto Rico (**PR**), a Marta (**M**) o a Marta y sus amigos (**M y A**).

1. _____ Tiene más de cuatrocientos años.

2. _____ Tiene arquitectura colonial.

3. _____ Hace buen tiempo todo el año.

4. _____ Corre por la playa en la mañana.

5. _____ El agua siempre está tibia.

6. _____ Juegan al voleibol y cantan.

7. _____ Extraña a su familia y a sus amigos.

Ahora... ¡usted!

1. ¿Conoce usted las ciudades que menciona Marta: Durango en México y San Juan en Puerto Rico? ¿Le gustaría pasar sus vacaciones en una de estas ciudades? ¿Qué aspectos le gustarían de cada una, el clima, las playas, la arquitectura?

   _____

   _____

   _____

2. ¿Tiene usted un trabajo? ¿Trabaja muchas horas al día, como Marta, o menos horas?

   _____

3. ¿Qué hace usted normalmente los fines de semana? ¿Qué le gusta hacer en su tiempo libre?

   _____

   _____

Un paso más... ¡a escribir!

Describa la ciudad donde usted vive. ¿Qué le gusta y qué no le gusta de esta ciudad? ¿Hay otro lugar donde le gustaría más vivir? ¿Por qué? Use la descripción que hace Marta de Durango y ¡escriba una nueva lectura!

MODELO:

Hola, amigos. Me llamo _____. Soy de _____ y vivo en

_____. Esta ciudad (o pueblo) es muy _____ y también es

_____. Me gustan mucho sus _____ y

_____. Pero no me gusta su _____...

La vida diaria y los días feriados

CAPÍTULO 4

Actividades escritas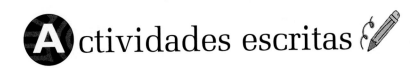

✳ **Los días feriados y las celebraciones**

Lea Gramática 4.1–4.2.

A. ¿Qué actividades asocia usted con los días feriados?

1. En Navidad me gusta ~~recibir~~ *recibir unos regalos* .

2. Durante la Semana Santa quiero *ir de compras* .

3. El Día de la Madre voy a *cenar* .

4. El Día de la Independencia me gusta *tomar unas refrescas* ~~salir~~ con *mis amigos* .

5. El día de mi cumpleaños prefiero ~~salir~~ *a cenar en un restaurant* .

6. La noche del Año Nuevo me gusta ~~dar~~ *una fiesta* .

7. En Nochebuena voy a ~~casa de abuela~~ *casa de abuela* ~~Mi con~~ *mis padres* .

8. El Día de los Enamorados quiero *cenar* ~~comer~~ con *mi novio* .

9. El Día de Acción de Gracias siempre me gusta ~~comer~~ *la cena* con *mi familia* .

10. El Día del Padre voy a *cenar* .

B. Escriba una composición de uno o dos párrafos sobre sus planes para el próximo día feriado. ¿Qué va a hacer? ¿Adónde quiere ir? ¿Con quién(es)? ¿Qué va a hacer allí? Use algunos de estos verbos: **acampar, cenar, dar una fiesta, descansar, esquiar, invitar, ir al cine, ir de compras, levantarse tarde, nadar, pescar, preparar una cena, viajar, visitar a.**

✳ **La rutina diaria**

Lea Gramática 4.3–4.4.

C. Complete lógicamente los espacios en blanco con estos verbos: **bañarse, desayunar, despertarse, dormir, hablar, levantarse, preparar, salir, volver.** Puede usar los verbos más de una vez.

Soy Mónica. Vivo en casa con mis padres y asisto a la Universidad de Texas en San Antonio. Todos los días (yo) __me despierto__¹ a las seis de la mañana y luego __me levanto__² __me baño__³ con agua caliente y jabón. Mi mamá también __se (despierta) levanta__⁴ a las seis de la mañana todos los días. Ella __prepara desayuna__⁵ el desayuno para toda la familia. Todos (nosotros) __nos desayunamos Salimos__⁶ a las siete. Después cada uno __sale✳__⁷ para el trabajo o para la escuela. A las tres de la tarde yo __salgo__⁸ de mis clases y __vuelvo__⁹ a casa. __Duermo__¹⁰ un poco porque siempre estoy muy cansada. Después __hablo__¹¹ con mi familia.

🖉 Ahora, en una hoja de papel aparte, escriba una composición de diez oraciones describiendo un lunes típico en su vida. Use la composición de Mónica como modelo.

D. Hable de su rutina diaria y contrástela con la rutina de otra persona: **su hermano/a, esposo/a, novio/a, amigo/a,** etcétera.

Todos los días yo... __me levanto__ a las __8__. Luego __me ducho__ rápido.
(levantarse)   (ducharse)

Después, yo __desayuno__. A las __10__, yo __salgo__ para la universidad.
(desayunar)   (salir)

En la universidad __asisto__ a mis clases. A mediodía yo __almuerzo__ en
(asistir)   (almorzar)

__la cafetaría__. Por la tarde, yo __trabajo__. Más tarde
(trabajar)

__estudio__ mucho. A las __5__, __vuelvo__ a mi casa y
(estudiar)   (volver)

__juego__ con mi __perro__. Después, __ceno__ con
(jugar)   (cenar)

__mis padres Me acuesto__ a las __11__ y __duermo__ ~~acuesto~~ por 8
(Acostarse)   (dormir)

horas.

Al contrario, mi __Mamá__ __se levanta__ a las __6__. Él/**Ella**
[una persona]   (levantarse)

__Se ducha__. Él/**Ella** __desayuna__. A las __8__, él/**ella** __sale__
(ducharse)   (desayunar)   (salir)

para __el trabajo__. Él/**Ella** (no) __asiste__ a clases. Él/**Ella**
(asistir)

__almuerza__ en __el trabajo__. Él/**Ella** (no) __trabaja__. (**No**)
(almorzar)   (trabajar)

___estudia___ . (Él/Ella) ___vuelve___ a su casa y ___juega___
  (estudiar)   (volver)   (jugar)

con ___mi perro___ . Después ___cena___ con ___mi papá___ . (Él/Ella)
                          (cenar)

___se acuesta___ a las _11_ y ___duerme___ _7_ horas.
  (acostarse)   (dormir)

E. Escriba un párrafo corto para narrar lo que hacen estas personas. Use las siguientes palabras para expresar el orden de las actividades de cada persona: **primero, luego, después, mientras, antes** y **finalmente.**

MODELO: Alberto no puede despertarse. →

Primero se levanta. Luego bebe café. Después se ducha y finalmente se despierta.

1. Mónica va a la universidad.

~~Ella~~ Primero se pone la ropa. ~~luego~~ Después trae los cuadernos. ~~Despues asiste~~ Luego ~~tiene~~ abre la puerta y finalmente asiste la clase de español.

2. Luis quiere llegar a tiempo a clase.

Antes de llegar a tiempo a clase, ~~~~ es necesario se afeita. Luis primero va al baño. luego pregunta—"¿Quién está en el baño?" Su hermana contesta—"Yo." Mientras espera, se afeita, y finalmente se ducha.

3. La profesora Martínez va a salir.

Antes *de* ir a salir, *la* Profesora Martínez, bebe café. Luego se cepilla los dientes. Después se maquilla. Finalmente, se pone ~~la~~ perfume.

F. Mire los dibujos y describa lo que hace Ernesto.

MODELO: Después de despertarse, Ernesto se levanta.

1. Después de ___ducharse___,
   Ernesto ___se~~ pone la ropa~~ seca___.

2. Antes de ___afeitarse___,
   Ernesto ___se___ ___cepilla___ ___los dientes___.

3. Son las 8:00 de la mañana. Después de
   ___desayunar___, Ernesto
   ___lee___ el periódico.

4. Finalmente, Ernesto ___sale *para* el trabajo___
   después de ___ponerse___ el sombrero.

5. Antes de ___trabajar___, Ernesto
   ___bebe___ café.

   or hacer su trabajo,
   toma

¡Mucho trabajo!

✳ Los estados físicos y anímicos

Lea Gramática 4.5–4.6.

G. Diga cómo está usted o qué tiene según la situación.

> MODELO: Si no desayuno, a mediodía *tengo mucha hambre.*

1. Soy estudiante, tengo cinco clases, estoy casada y tengo tres hijos pequeños. ~~Tengo~~ Estoy
   muy preocupada.

2. Si mi hijo maneja el coche sin permiso, estoy enojada.

3. Si escucho ruidos misteriosos a medianoche, tengo miedo.

4. Voy a casarme con mi novio José Luis porque estoy enamorada.

5. Tengo prisa porque ya son las ocho menos diez y tengo
   clase de español a las ocho.

H. Diga cuál es su reacción cuando se encuentra en los siguientes estados físicos y mentales.

> MODELOS: ¿Qué hace usted cuando está triste? →
> *Cuando estoy triste me quedo en mi cuarto y lloro.*
>
> ¿Qué hace usted cuando tiene prisa? →
> *Cuando tengo prisa manejo rápidamente.*

¿Qué hace usted cuando…

1. está aburrido/a? Cuando estoy aburrida miro la televisión
2. está cansado/a? Cuando estoy cansada duermo en mi cama
3. está enojado/a? Cuando estoy enojada grito.

4. está alegre? *Cuando estoy alegre voy de compras.*
5. tiene sed? *Cuando tengo sed ~~tomo~~ tomo un refresco.*
6. tiene sueño? *Cuando tengo sueño me acuesto.*
7. tiene frío? *Cuando tengo frío me pone el suéter.*
8. tiene hambre? *Cuando tengo hambre como ~~la~~ una comida.*

Resumen cultural

Llene los espacios en blanco con uno de estos nombres, palabras o frases.

México	José Martí	una misa
Guatemala	Octavio Paz	disfraces ✓
Honduras	el Día de Acción de Gracias	desfiles
Colombia	las fiestas de San Fermín ✓	los toros ✓
Perú	el carnaval ✓	los globos
Argentina	la Nochevieja	azteca
Venezuela	el Día de los Reyes Magos	maya

1.   *Las fiestas de San Fermín*, (que empiezan el 7 de julio) tienen lugar

en la ciudad de Pamplona, España. Muchos hombres corren por las calles con

los toros.

2.   En muchos países del Caribe y de Centroamérica,

el carnaval se celebra en febrero o marzo.

3.   Durante el carnaval mucha gente lleva *disfraces* y

hay *desfiles* alegres en las calles.

4.   *José Martí* es un famoso poeta cubano, autor de

los *Versos sencillos.*

5.   Los países de *Argentina*,

Perú,

Colombia y

Venezuela, como los Estados Unidos, celebran su Día

de la Independencia en julio.

6.   Rafael González y González es un pintor de

Guatemala.

7.   González y González pinta las costumbres de la gente

maya.

8.   El 6 de enero muchos hispanos celebran *el Día de los Reyes Magos*

 **A**ctividades auditivas 🎧

✱ Para empezar

A. Carla llama a dos profesores

Carla Espinosa necesita hablar de los exámenes finales
con dos de sus profesores. Hoy, martes, los está
llamando por teléfono.

Escriba los días y las horas de consulta de los profesores.

	DÍAS	HORAS
1. el profesor Rico	~~Martes~~ Jueves	~~……~~ 1 ξ β 2:45
2. la profesora Lecuna	Martes	8:30 – 10 Am
	Miercoles	~~……~~ 2-4 pm

B. Silvia habla con un cliente

Silvia Bustamente está trabajando en la terminal de
autobuses.

Escriba la hora de salida de los autobuses que van a la ciudad de Tampico.

El primero: ___8:15___   El segundo: ___11:20___   El último: ___5:30___

✳ Los días feriados y las celebraciones

C. El salón de fiestas Alegría

VOCABULARIO ÚTIL

imagínese   *imagine*   command form
la boda   *wedding*
preocuparse   *to worry*
alquilar   *to rent*
los comedores   *dining rooms*

Ahora en KSUN, Radio Sol, vamos a escuchar un
anuncio comercial del salón de fiestas Alegría.

Banquet Hall

❖ ❖ ❖

¿Qué ocasiones especiales se mencionan en el anuncio sobre el salón de fiestas Alegría?

a. _____ el Día del Padre

b. __X__ el Día de la Madre

c. __X__ el Año Nuevo

d. __X__ la graduación

e. __X__ la Navidad

f. _____ el Día de los Enamorados

g. __X__ la boda

h. __X__ el cumpleaños

D. Nada que celebrar   Nothing to Celebrate

VOCABULARIO ÚTIL

el cuate   *pal (slang term for "very good friend," Mex.)*
¡Anímate!   *Cheer up!*
el chaperón   *chaperone*

Diego Herrero, el hermano de Graciela, está jugando al
básquetbol con su amigo Rafael. Los dos chicos son estudiantes
en el Colegio Sagrado Corazón.

❖ ❖ ❖

Escoja la respuesta más lógica.

1. Diego está triste porque…

   a. no tiene su tarea.

   b. no juega muy bien al básquetbol.

   c. no tiene novia y es el Día de los Enamorados.

2. Rafael dice que…

   a. las novias no son importantes.

   b. hay muchas muchachas en el colegio.

   c. Diego no necesita tener novia.

3. Rafael va a bailar en una discoteca con Graciela esta noche porque…

    a. es el cumpleaños de Graciela.

    b. es viernes.

    ⓒ son novios.

4. Diego va a la discoteca también porque…

    ⓐ Graciela necesita un chaperón.

    b. le gusta tomar cerveza.

    c. quiere bailar con Amanda.

✳ La rutina diaria

E. La solución perfecta

VOCABULARIO ÚTIL

a cinco cuadras *five blocks away*
De ahora en adelante *From now on*

La profesora Martínez conversa con Alberto sobre sus
actividades de la mañana.

❖ ❖ ❖

¿Quién dice lo siguiente, la profesora Martínez (**P**), Alberto (**A**) o los compañeros de la clase de
Alberto (**CC**)? *Quién dice ___*

1. __P__ ¿Por qué siempre llega tarde a clase?

2. __A__ Vivo a cinco cuadras de la universidad.

3. __A__ En la mañana me ducho, me pongo la ropa, me peino, desayuno, me lavo los dientes.

4. __CC__ ¡Siempre tarde!

5. __P__ Usted duerme mucho.

6. __P__ Tengo la solución perfecta: de ahora en adelante usted va a despertarse a las seis y media.

7. __A__ ¡Qué temprano!

F. Una carta de Lola Batini

VOCABULARIO ÚTIL

la carta *letter*
Por acá *Here*
les enseño *I teach them*
dar una vuelta *to go for a walk*
   (or a ride)
el vecindario *neighborhood*

dar un paseo
to go for walk

Lola Batini es una maestra mexicana de 42 años
que vive en la Ciudad de México. Ahora le está
escribiendo una carta a Celia, una amiga que vive
en Chicago. Escuchemos la carta.

❖ ❖ ❖

¿En qué orden menciona doña Lola estas actividades? Enumérelas. *number*

a. __1__ Trabaja de maestra de cuarto año en un colegio.

b. ~~8~~ ~~7~~ __8__ Va a fiestas o al cine.

c. ~~2~~ __4__ Va a su casa y descansa un poco.

d. ~~7~~ Prepara las clases para el siguiente día.

e. __2__ Les enseña a las niñas a leer y a escribir.

f. ~~5~~ __6__ *Teach them* Sale a dar una vuelta.

g. __3__ Les enseña a las niñas matemáticas, ciencias naturales, historia y geografía.

h. ~~4~~__5__ Prepara la cena.

✳ Los estados físicos y anímicos

G. El examen de Pilar

VOCABULARIO ÚTIL

con tanta prisa   *in such a hurry*
¡Para! *Stop!*
Vale, vale   *OK, OK (Spain)*
perder el autobús   *to miss the bus*
si pierdes uno   *if you miss one*
buena suerte   *good luck*

José Estrada va caminando al Parque del Retiro[1] cuando ve a su novia, Pilar Álvarez. ¡Pilar va corriendo!

❖   ❖   ❖

¿Cierto (**C**) o falso (**F**)?

1. __F__ Pilar tiene prisa porque no quiere llegar tarde al trabajo.

2. __F__ El autobús pasa en diez minutos.

3. __C__ Pilar está preocupada porque tiene un examen hoy.

4. __F__ José corre porque él también va a tomar el autobús.

5. __C__ José va a hacer ejercicio en el Parque del Retiro.

H. Madrid en un día

VOCABULARIO ÚTIL

A este paso   *At this pace (at this rate)*
disfrutar   *to enjoy*
el espíritu de aventura   *sense of adventure*

Lugares mencionados

la Plaza de España   una plaza famosa que tiene un monumento dedicado a Miguel de Cervantes, el autor de *Don Quijote*

el Palacio Real *Royal*   el palacio de los reyes de España

---

[1]Parque… un parque muy grande en el centro de Madrid

Es verano y Pedro y Andrea Ruiz están de vacaciones en España. Hoy están caminando por la Plaza de España en Madrid, para luego visitar el Palacio Real.

❖ ❖ ❖

¿Cierto (**C**) o falso (**F**)?

1. __C__ Los dos tienen calor porque hace calor.

2. __F__ Andrea quiere visitar más lugares turísticos.

3. __F__ Pedro tiene mucha hambre y prefiere comer en un restaurante elegante.

4. __C__ Andrea está cansada y quiere comer.

5. __C__ Pedro admite que es imposible ver Madrid en un día.

✳ ¡A repasar!

I. Fiestas y deportes

VOCABULARIO ÚTIL

entrance into world
15th bday - girls

la quinceañera   *coming out party*
requieren   *they require*
el esfuerzo   *effort*
chistoso   *funny*

Es un día de primavera en la Ciudad de México. Don Anselmo, un señor de 75 años de edad, y su amigo don Eduardo, quien tiene 80 años, están conversando en el parque.

❖ ❖ ❖

who does these activities

Diga quién hace las siguientes actividades: don Eduardo, su esposa o don Anselmo.

1. __don Anselmo__ Se levanta temprano.

2. __don Eduardo__ Se acuesta tarde.

3. __don Eduardo__ Es mayor que su esposa.   *older than wife*

4. __~~don Eduardo~~__ Baila menos que su esposo.   *Better* *dances less*

5. __don Anselmo__ No va a muchas fiestas pero practica deportes.

6. __~~don Anselmo~~__ Juega al dominó y a las cartas.

don ~~Eduardo~~ Anselmo

Pronunciación y ortografía

✳ Ejercicios de pronunciación

I. PRONUNCIACIÓN: j, g   "j" hota "g"-hay

The letter **g** before the letters **e** and **i** and the letter **j** are pronounced the same in Spanish. They are very similar to the letter *h* in English. The pronunciation of the **g** and **j** sound varies somewhat in different parts of the Spanish-speaking world. In some countries, it is pronounced stronger, with more friction in the throat, than in others.

A. Listen and then pronounce the following words with the letters **g** (followed by **e** or **i**) and **j**.

> colegio, sociología, gimnasio, inteligente, generoso, ojos, joven, roja, viejo, bajo, anaranjado, traje, hijo, mujer, junio, ejercicios, dibujo

B. Listen and then pronounce the following sentences. Be sure to pronounce the **g** and **j** correctly.

1. El libro rojo es el libro de sociología.
2. El libro anaranjado es el libro de geografía.
3. ¿Tienes aquí tu traje de gimnasia?
4. Señora, su hijo tiene los ojos muy bonitos.
5. Ese joven es muy inteligente y le gusta jugar al tenis.

II. PRONUNCIACIÓN: y

In Spanish the letter **y** is pronounced like the Spanish vowel **i** if it appears at the end of a word. Otherwise it is pronounced the same as the Spanish letter **ll**.

A. Listen and then pronounce the following words, in which **y** is pronounced **i**.

> y, hay, soy, muy

B. Now listen and pronounce these words in which **y** is pronounced like **ll**.

> playa, leyendo, mayo, yo, uruguayo

✳ Ejercicios de ortografía

I. THE LETTERS j AND g

The letter **g**, before the vowels **e** or **i**, and the letter **j** are pronounced the same.

Listen to these words and write them with the letter **g** or the letter **j**.

1. los ojos
2. geografía
3. joven
4. rojo
5. jugar

6. recoger
7. vieja
8. generalmente
9. anaranjado
10. bajo

11. _____ gente _____

12. _____ el traje _____

13. _____ generosa _____

14. _____ las hijas _____

15. _____ jueves _____

II. THE LETTERS y AND ll

The letter **y** is pronounced similarly to the letter **ll: mayo, amarillo.** In the word **y** (*and*) it is pronounced as the vowel **i.** If it appears at the end of a word as in **voy, hoy,** it is also pronounced as **i,** but together in a diphthong with the preceding vowel.

Listen to the following words and write them with either **y** or **ll.**

1. _____ yo _____

2. _____ silla _____

3. _____ voy _____

4. _____ llorar – to cry _____

5. _____ hay _____

6. _____ llegar _____

7. _____ muy _____

8. _____ playa _____

9. _____ amarillo _____

10. _____ llamar _____

11. _____ apellido _____

12. _____ mayo _____

13. _____ lleva _____

14. _____ hoy _____

15. _____ estoy _____

16. _____ calle _____

17. _____ millón _____

18. _____ leyendo _____

19. _____ soy _____

20. _____ caballo _____

Videoteca 📼

VOCABULARIO ÚTIL

la paloma *pigeon*
precioso/a *adorable*
te portaste mal *you behaved badly*
reírse de *to laugh at/about*
se durmió *fell asleep*
el ruido *noise*
la peluca *wig*
¡Qué gracioso! *How funny!*
inolvidable *unforgettable*
la mala educación *bad manners*
se le cayó *fell (off)*
las tapas *appetizers*

Sinopsis

Lola y Manolo celebran después de la Primera Comunión de su hija, Marta. Están en el parque con los padres de Lola, el hermano de Manolo, José Jaime, y su esposa, Elena. La madre de Lola recuerda la Primera Comunión de Lola cuando ella y un amigo se rieron de[1] una mujer con peluca que se durmió durante la ceremonia. Después todos recuerdan otros días feriados entre familia.

_____
[1]se... *they laughed at*

Primero lea estas preguntas y luego vea el video para contestarlas.

A. ¿Cierto (**C**) o falso (**F**)?

1. _____ Lola está un poco triste porque es el día de la Primera Comunión de Marta.

2. _____ Manolo dice que Marta no se porta bien (*doesn't behave well*).

3. _____ La madre de Lola estaba (*was*) contenta con el comportamiento (*behavior*) de su hija en la Primera Comunión de ella.

4. _____ Ahora la madre también se ríe del incidente en la Primera Comunión de Lola.

5. _____ La Nochevieja pasada todos fueron (*went*) a una fiesta en un hotel.

6. _____ Una Navidad la familia tuvo (*had*) dos árboles de Navidad.

B. Empareje cada día feriado con la descripción apropiada.

1. _____ la Primera Comunión de Marta
2. _____ la Primera Comunión de Lola
3. _____ las Navidades
4. _____ la Nochevieja

a. La mujer se duerme en la iglesia.
b. Comieron tapas riquísimas en un restaurante cerca de su casa.
c. Tienen dos árboles en la casa.
d. Lola está un poco triste porque los años pasan rápido.

C. Ponga las oraciones en orden lógico.

1. _____ Manolo y su hermano se despiden (se dicen adiós).

2. _____ Lola y su madre hablan de una Primera Comunión anterior.

3. _____ Los niños quieren dar de comer a las palomas.

4. _____ Todos se van.

5. _____ Recuerdan otros días festivos.

ecturas

LECTURA Poesía: «Cinco de mayo» de Francisco X. Alarcón

*Francisco X. Alarcón es un famoso poeta chicano que vive en Davis, California. Ha publicado varias colecciones de poesía, entre las cuales se encuentra el libro para niños **Jitomates risueños** (1997), que contiene el siguiente poema. En el poema «Cinco de mayo», Alarcón escribe sobre un día feriado muy importante en México. Este día se celebra la victoria de los mexicanos contra el ejército[1] francés en la ciudad de Puebla, el cinco de mayo de 1862.[2]*

---

[1] *army*
[2] *Mexican forces succeeded in turning back the French invasion of Puebla in 1862; however, Mexico was ultimately unable to prevent France from taking power and instating a French "emperor" in Mexico. The Cinco de Mayo victory is nevertheless seen as a significant declaration of Mexican sovereignty and rejection of European intervention.*

Cinco de mayo

una batalla[3]
en los libros
de historia

una fiesta
de música
y colores

una ocasión
para agitar
banderas[4]

un baile
con piropos[5]
y piñata

horchata[6]
tostaditas[7]
y guacamole

un mango
con chile
y limón

un grito
de alegría[8]
y primavera

¡sí, ya mero[9]
salimos
de vacaciones!

Comprensión

1. ¿A qué batalla se refiere el poeta en el primer verso?

   A la batalla de Puebla en 1862 y la victoria de los mexicanos contra los franceses.

2. ¿Qué comidas y bebidas se mencionan en el poema?

   Horchata, tostaditas, guacamole, mango con chile, y limón

3. El poeta dice que el Cinco de mayo hay una fiesta con baile. ¿Qué otras cosas hay en este día feriado? Mencione cuatro más.

   música, piñatas, colores y banderas

4. ¿Por qué dice el poeta que pronto salimos de vacaciones? ¿A qué vacaciones se refiere?

   Porque es el mes de mayo. El poeta se refiere a las vacaciones de verano.

Ahora... ¡usted!

1. ¿Hay un día feriado que usted celebra con baile, música y comida? ¿Cuál es? ¿Con quién lo celebra normalmente?

   Sí, la Noche Vieja, el Día de los muertos, y la Semana Santa. Normalmente, celebra con su familia y sus amigos.

2. Mencione un día feriado de su país que está en los libros de historia, como el Cinco de mayo. ¿Conoce usted el origen de esta celebración? ¿Tiene un significado histórico especial? ¿Cuál es?

   ——

   ——

Un paso más... ¡a escribir!

¿Le gustaría tener más días feriados durante el año? Invente uno nuevo para ponerlo en el calendario. En uno o dos párrafos, describa este día. Use las siguientes preguntas como guía.

1. ¿Cómo se llama el día?
2. ¿En qué fecha se celebra?
3. ¿Qué significado histórico o cultural tiene?
4. ¿Cuáles son las actividades importantes de este día?

---

[3]battle   [4]agitar... *wave flags*   [5]baile... *flirting dance*   [6]*a tasty rice drink*   [7]*corn chips*   [8]grito... *cry of joy*   [9]ya... *almost*

LECTURA

Los amigos hispanos:
Las distracciones de Pilar

VOCABULARIO ÚTIL

el diseño   *design*
sí misma   *herself*
el piso   *apartment (Spain)*
madura   *mature*
analizar   *to analyze*
doy un paseo   *I take a walk*
nunca me aburren   *never bore me*
el cortao   *espresso coffee with milk*
el ambiente   *atmosphere*

Pilar Álvarez Cárdenas tiene veintidós años y vive en Madrid, la capital de España. Es estudiante de diseño y artes gráficas en la Universidad Complutense de Madrid. Pilar trabaja de operadora algunas horas a la semana en la Compañía Telefónica.

Veamos cómo se describe Pilar a sí misma...
We see how Pilar describes herself

Bueno, mis amigos dicen que soy alegre y extrovertida. ¿Cómo es mi vida? Pues, más o menos típica. Me gustan las fiestas, el teatro, el cine y especialmente los museos. ¡Me fascina el arte! Por lo general estoy bastante ocupada, estudiando, trabajando. Y estoy muy contenta con mi carrera de diseño y artes gráficas. *career*

En Madrid vivo en un piso pequeño con mi hermana Gloria. Ella es tres años menor que yo, aunque *although* es muy madura para su edad. Gloria estudia psicología y le gusta mucho analizar a la gente. Cuando analiza mi personalidad, la escucho con paciencia. La verdad, quiero mucho a mi hermana. Pero debo *I listen to her* admitir que a veces... ¡no es fácil vivir con una futura psicóloga!

Nuestro piso está cerca del Parque del Retiro y del Museo del Prado.[1] Cuando no quiero estudiar más, doy un paseo por el Retiro. Ese parque enorme tiene muchos árboles y un hermoso lago. Es tan agradable caminar allí cuando hace sol. Cerca de nosotras hay también una discoteca muy buena. Los sábados por la noche voy a bailar a esa discoteca con mi novio, mi hermana y nuestros amigos. Y visito el Prado casi todos los domingos. Las obras de mis artistas favoritos nunca me aburren. Después de ir al museo, paseo por la Gran Vía[2] y me tomo un cortao en algún café de buen ambiente.

Mi hermana dice que vivimos en un lugar ideal porque todo está cerca y siempre hay algo que hacer. A mí también me gusta donde vivimos, claro. Pero para mí este lugar tiene un pequeño problema. Es que... ¡es difícil estudiar con tantas distracciones!

Comprensión

¿A quién se refiere cada descripción, a Pilar (**P**), a Gloria (**G**) o a las dos (**LD**)?

1. _G_ Estudia psicología.

2. _P_ Vive en un apartamento con su hermana.

3. _G_ Le gusta analizar a la gente.

4. _P_ Estudia diseño y artes gráficas.

5. _LD_ Vive cerca del Parque del Retiro y del Museo del Prado.

---

[1] *The Museo del Prado houses approximately 3,000 paintings. The best of these represent artists from the 1500's, 1600's, and early 1800's. Paintings by El Greco, Diego Velázquez, and Francisco de Goya are the pride of the collection.*
[2] Gran... avenida en el centro de Madrid

6. __G__ Dice que viven en un lugar ideal.

7. __P__ Le gusta caminar cuando hace sol.

8. __G__ Es la hermana menor.

9. __LD__ Va a bailar a una discoteca los sábados por la noche.

Ahora… ¡usted!

1. ¿Es difícil para usted estudiar a veces? ¿Por qué? ¿Qué distracciones interrumpen sus estudios?

   Si, es difícil

   Mis amigos

2. ¿Le gusta el arte? ¿Va a los museos? ¿Cuáles son sus obras o artistas favoritos?

   Si, voy a los museos albright Knox. Mi

   artista favorito

Un paso más… ¡a escribir!

Escriba una composición de dos o tres párrafos describiéndose a sí mismo/a como lo hace Pilar. Puede usar las siguientes preguntas como guía.

1. ¿Cómo es su personalidad?
2. ¿Qué le gusta hacer en su tiempo libre?
3. ¿Dónde vive? ¿Con quién?
4. ¿Hay lugares interesantes cerca de donde usted vive? ¿Cuáles? ¿Va usted mucho a esos lugares?

Las clases y las carreras

CAPÍTULO

5

(A)ctividades escritas ✎

✳ Las actividades de la clase de español

Lea Gramática 5.1.

A. Lea las oraciones y llene los espacios en blanco con los pronombres apropiados: **me, te, le, nos** o **les.**

MODELO:  Somos amigos: tú _**me**_ dices las respuestas de la tarea de matemáticas y yo _**te**_ digo las (respuestas) de la tarea de español, ¿vale?

1. Luis y yo tenemos una buena amiga en el banco. Ella _nos_ explica cuando tenemos problemas. Nosotros siempre _le_ decimos «Gracias».

2. Para el Día de San Valentín, Esteban _le_ escribió una tarjeta romántica a Nayeli, una nueva estudiante. Nayeli _le_ escribió una carta larga a Esteban.

3. La profesora Martínez _nos_ pregunta a mí y a Mónica si queremos ir a Guanajuato con ella. Nosotros _le_ contestamos: —Sí, sí, ¡por supuesto!

4. La profesora _les_ hace la misma pregunta a Carmen y a Nora. Ellas también aceptan la invitación. _le_ dicen: —¡Sí! ¡Gracias!

5. Esteban dice: —Hola, Luis. ¿_me_ lees la carta de mi nueva amiga, Nayeli, por favor?

Luis: —Sí, Esteban. Con mucho gusto _te_ leo la carta si tú _me_ dices qué tienes en esa caja.

B. Escoja el verbo apropiado para completar cada oración: **aprender, comprender, decir, empezar, enseñar, escribir, escuchar, explicar, hablar, hacer, hacer preguntas, preparar, recoger, terminar.** No olvide usar la forma correcta de cada verbo. Puede usar los verbos más de una vez.

to learn

to teach

1. En la clase la profesora _habla_ y los estudiantes _escuchan_.

2. Cuando yo no _comprendo_ algo, el profesor me _explica_.

3. Es necesario _terminar_ el **Capítulo 4** hoy porque mañana vamos a _empezar_ _empezamos_ el **Capítulo 5**.

4. En la clase de español (yo) _escucho_ a la profesora con cuidado y _comprendo_ casi todo lo que ella _dice_.

5. Todas las tardes _hago_ mi tarea.

6. En clase, cuando los estudiantes no _comprenden_ la gramática o el vocabulario, ellos le _hacen preguntas_ a la profesora.

7. El profesor _prepara_ _enseña_ la clase todas las noches.

8. El profesor _recoge_ la tarea de los estudiantes antes de empezar las actividades del día.

9. Cuando la profesora _escribe_ el vocabulario nuevo en la pizarra, nosotros _escribimos_ las palabras en nuestros cuadernos.

10. Nosotros _aprendemos_ mucho porque el profesor enseña muy bien.

C. Lea el siguiente párrafo de Teresa. Luego escriba un párrafo de ocho o diez oraciones, en una hoja de papel aparte, sobre lo que usted hace durante su clase de español.

Mi clase de español empieza a las nueve en punto. Unos minutos antes yo saludo a mis compañeros. Luego escucho las explicaciones de la profesora. Ella dice: «Clase, hoy vamos a leer. Señorita Foster, lea por favor.» Oigo mi nombre, entonces abro el libro y leo en voz alta. Después la profesora dice: «Contesten las preguntas.» Yo saco mi cuaderno y mi lápiz y escribo las respuestas. Algunas veces termino antes y hago la tarea de matemáticas. Finalmente, cuando es hora de salir, le doy la tarea a la profesora, les digo adiós a mis amigos y salgo.

✳ **Las habilidades**

Lea Gramática 5.2.

D. Escriba oraciones sobre actividades que usted no sabe hacer pero que otras personas sí saben hacer. Piense en actividades como **patinar en el hielo, nadar, cocinar, navegar por el Internet,** etcétera.

> MODELOS: *Yo no sé reparar carros pero mi novio sí sabe.*
>
> *Yo no sé hablar francés pero mi amiga Nicole sí sabe.*

1. Yo no sé pintar pero mi hermano Martin sí sabe.
2. Yo no sé cocinar bien pero mi mamá sí sabe.
3. Yo no sé andar en patineta pero mi primo sí sabe.
4. Yo no sé preparar comida mexicana pero mi amigo Javier sí sabe.
5. Yo no sé reparar carros pero mi papá sí sabe.
6. Yo no sé jugar al basquetbol pero mi hermano Robert sí sabe.

E. Piense en cinco personas famosas y escriba una oración sobre cada una describiendo la actividad que sabe hacer muy bien.

> MODELO: *La argentina Gabriela Sabatini sabe jugar al tenis muy bien.*

1. Michael Jordan sabe jugar al basquetbol muy bien.
2. Celine Dion sabe cantar muy bien.
3. Hilary Clinton sabe hablar bien.
4. Eric Clapton y Santana saben tocar la guitarra muy bien.
5. Pablo Picasso sabe pintar muy bien.

F. ¿Puede(n) o no puede(n)? Escriba sí o no y por qué.

> MODELO: ¿Puede usted ver la televisión y estudiar español a la vez[1]? →
> *Sí, porque soy muy inteligente.*

1. ¿Puede usted comer y hablar a la vez?

   No, porque es muy difícil.

2. ¿Puede un perro hablar inglés? ¿Y puede comprender inglés?

   No puede hablar inglés porque él es un animal pero puede comprender inglés.

3. ¿Puede usted escribir bien con la mano izquierda? [(No) Soy zurdo/a. = I am (not) left-handed.]

   No porque no soy zurda.

4. ¿Pueden nadar los peces? ¿los pájaros?

   Sí pueden nadar los peces porque los peces viven en el agua. Los pájaros No pueden nadar porque viven en el cielo.

5. ¿Pueden los estudiantes dormir y aprender a la vez?

   No porque es un distracción

————————
[1]*a... at the same time*

✳ Las carreras y las actividades del trabajo

Lea Gramática 5.3–5.4.

G. ¿Qué quieren estos niños? Mire el dibujo de la juguetería y rellene los espacios en blanco con la forma correcta del adjetivo demostrativo.

1. MARISA: Yo quiero _____este_____ dinosaurio rosado, y también _____aquel_____ oso grande que está cerca de la muñeca del vestido rojo y blanco.

2. ERNESTITO: Yo quiero _____ese_____ bate y _____esa_____ pelota. Me gusta mucho jugar al béisbol.

3. CLARISA: ¿Y no quieres _____aquel_____ carro verde? ¡Es muy bonito!

   ERNESTITO: Ah, sí, es muy bonito, pero prefiero _____este_____ coche de bomberos que está aquí a mi derecha.

4. CLARISA: Pues yo quiero _____esa aquella_____ muñeca grande de pelo rubio y lacio.

   ERNESTITO: ¿Y no te gusta _____este_____ gato blanco?

   CLARISA: Ay, sí, _____este_____ gato es hermoso.

5. MARISA: Si tú quieres el gato, yo quiero _____ese_____ perro color café que está allí.

6. ERNESTITO: ¡Qué lindos son todos los juguetes! Pero… yo creo que mamá va a estar más contenta si pedimos libros. Miren _____esos_____ libros debajo del carro verde.

   MARISA: Son interesantes pero son para niños. Mira, Clarisa, _____esos_____ dos libros de cuentos, al lado izquierdo del perro.

   CLARISA: No, yo quiero _____aquellos_____ libros que están al lado izquierdo del oso.

H. Usted está en una fiesta y está identificando a varias personas que su amigo/a no conoce. Describa las actividades profesionales de esas personas.

MODELO: Esas señoras que están allí son *enfermeras* y trabajan en el hospital San Martín.

1. Este señor que está aquí es _____doctor_____. Examina a sus pacientes en su consultorio.

2. Estas señoras que están aquí son _____muestras_____ bilingües y enseñan en una escuela en Buenos Aires.

3. Este señor que está aquí enfrente es _____mechánico_____. Trabaja en un taller de reparaciones que está al lado del parque.

4. Esta joven que está aquí detrás corta el pelo en la peluquería El Esplendor. Es

    peluquero.

5. Esos señores que están allí son _____. Están investigando la construcción de

    un puente como el Golden Gate de San Francisco.

6. Esa señorita que está allí trabaja de ___cajera___ en el Banco Nacional de México.

7. Esa joven alta que está allí es ___contador___. Ayuda a sus clientes a administrar (*to*

    manage) el dinero.

8. Aquellas señoritas que están allá cerca de la puerta cantan en el Club de Catalina. Son

    cantantes.

9. Aquel señor que está allá es _mesero_. Atiende mesas en el restaurante El Patio

    Andaluz.

10. Aquellos señores de allá son _trabajadores social_. Investigan a las familias que maltratan a

     sus hijos.

I. En uno o dos párrafos, describa su trabajo o el trabajo que le gustaría tener. ¿Cuáles son sus actividades diarias? ¿Qué obligaciones tiene? ¿Le gusta su trabajo? ¿Por qué? Explique. ¿Cuáles son los aspectos positivos de su trabajo? ¿y los aspectos negativos? Escriba su(s) párrafo(s) en una hoja de papel aparte.

✳ Las actividades futuras

Lea Gramática 5.5.

J. Termine esta nota con sus planes para su próximo cumpleaños. Use actividades como **desayunar, almorzar, ir al cine, salir a bailar, tener una fiesta, pasear por la playa,** etcétera. Luego puede darle la nota a su novio/a, a su esposo/a, a su mejor amigo/a o a sus padres.

Querido/a _____ María _____:

El (fecha) _trece de mayo_ es el día de mi cumpleaños.

Por la mañana tengo ganas de _desayunar con_
mis padres.

También me gustaría _pasear por la playa y_
ir de compras

A mediodía pienso _almorzar con mis amigos_

Por la tarde quiero _tener una fiesta con_
mis parientes, y mis padres y mis hermanos

Por la noche quisiera _salir a bailar y cenar_
en un restaurante con mi novio.

Leanne

(*su firma*)

K. Piense en su futuro. ¿Qué va a hacer? ¿Qué le gustaría hacer después de graduarse/jubilarse[1]? ¿Tiene ganas de descansar unos meses o piensa buscar empleo inmediatamente? ¿Quisiera viajar? ¿Adónde? ¿Qué otras cosas piensa hacer? Escriba una composición de dos o tres párrafos en una hoja de papel aparte.

L. Narre las actividades de estas personas usando los verbos que aparecen después del título. Use también **primero, después, luego, más tarde, finalmente.** Al terminar, describa qué le gustaría hacer a cada persona.

MODELO: El coche de Alberto es viejo. (**hablar, irse, llevar, pagar, reparar, revisar**)

Alberto lleva su carro al taller de mecánica. Primero, Alberto habla con el mecánico. Luego, el mecánico revisa el carro y habla con Alberto sobre los problemas y cuánto cuesta el servicio. Después, el mecánico repara el carro. Más tarde, Alberto le paga a la cajera pero,... ¡le gustaría irse sin pagar!

1. La profesora Martínez regresa del trabajo. (**acostarse, beber, cenar, llegar, preparar, tener sueño**)

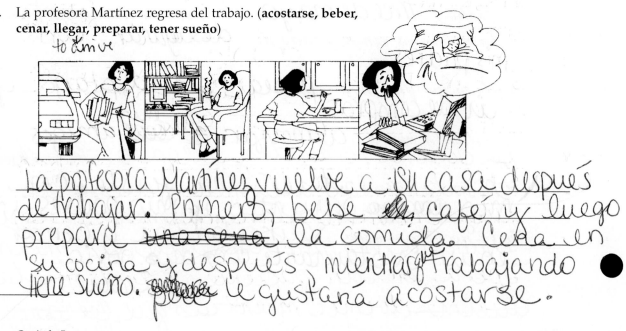

La profesora Martínez vuelve a su casa después de trabajar. Primero, bebe ~~el~~ café y luego prepara ~~una cena~~ la comida. Cena en su cocina y después, mientras trabajando tiene sueño. ~~pero~~ le gustaría acostarse.

[1]*retire*

2. La el terapeuta atiende al paciente. (**ayudar, dar masaje, examina**
   jugar/divertirse, traer)

La terapeuta atiende al paciente. Primero, la
terapeuta examina los musculos del paciente.
Luego la terapeuta examina unos reflejos del paciente
~~Y Dice~~ Despues, ayuda el paciente caminar. Finalmente,
trae una silla de ruedas por el paciente pero le gustaria ~~divertirse~~ divertirse en la silla de ruedas.

3. Esteban trabaja en un restaurante. (**atender, invitarla, limpiar,**
   recoger, servir)

to pick up/
Gather!

¿Qué quiere beber?

CINEMA

Primero, Esteban recoge los platos. Luego,
limpia la mesa y despues, atende la mesa.
Finalmente, sirve café a su cliente, pero
le gustaria invitarla a ~~ver~~ ~~examina~~ película.

4. La doctora Hernández está muy cansada. (**dormir, examinar, hablar,**
   leer, llegar, operar)

HOSPITAL

La doctora Hernández llega al ~~trabajo~~
hospital a las diez menos diez, ~~allega~~
Luego habla con la enfermera. Después
examina el tensión del paciente. Finalmente,
opera en un paciente pero le gustaria
~~duem~~ dormir mientras que ~~leerando~~
leyando.

5. Un buen abogado trabaja mucho. (**defender, entrar, hablar/consultar con, jugar, pagar**)

Un buen abogado entra la corte suprema. Luego defende a la su cliente. Después, consulta con el juez. Finalmente, el cliente paga su abogada, pero el abogado le gustaría jugar con sus hijos.

Resumen cultural

Complete con la información cultural del **Capítulo 5.**

1. Nombre los tres muralistas mexicanos más importantes: David Alfaro Siqueiros, José Clemente Orozco y Diego Rivera.

2. ¿Cuáles son los temas principales del arte de Diego Rivera?
   Los temas principales del arte de Diego Rivera son históricos y nacionales incluyen la tierra, el obrero, las costumbres, y la historia mexicana y la revolución mexicana.

3. ¿De qué se trata el proyecto de Viviana Benz y Álvaro del Canto en Chile?
   El proyecto trata de Viviana Benz y Álvaro del Canto es repartir los libros por las personas pobres a los jóvenes desempleados y a las madres solteras.

4. Nombre seis países hispanos en los cuales la tasa del alfabetismo supera el 90% de la población:
   Cuba, Uruguay, Argentina, Colombia, Ecuador, Chile, España, Costa Rica, Puerto Rico, Paraguay, Venezuela

5. ¿Qué producto agrícola exportan Costa Rica, Ecuador, Guatemala, Honduras y Nicaragua entre otros países de América Latina? plátanos

6. ¿Qué producto agrícola exportan Cuba y la República Dominicana? La caña de azúcar

7. ¿Cómo se llama el país africano de habla hispana? Guinea Ecuatorial

8. Nombre cuatro palabras del inglés que se usan en el español: bananas, cafe, produce, region, sierra, rodeo, patio, siesta, cigar, lasso

9. Nombre cuatro palabras del español que se usan en el inglés: piano, sándwich, jeans, fútbol, voleibol, basquetbol, suéter

10. Nombre tres palabras usadas en inglés que son originalmente de idiomas indígenas:
    ~~cigar, lasso~~ tamale, huricane, & barbecue
    (tamalli) (huracán) (barbacoa)

Actividades auditivas

✳ **Para empezar**

A. Andrés está aburrido

Hoy es domingo y Susana Yamasaki conversa con Andrés, su hijo menor.

❖ ❖ ❖

¿Cuál de las siguientes actividades quiere hacer (**Q**) Andrés y cuáles no quiere hacer (**N**)?

1. __N__ leer su libro favorito

2. __N__ jugar con sus amiguitos

3. __N__ andar en patineta

Skateboard

4. __Q__ ir al cine

5. __Q__ ir al parque

B. ¡Feliz cumpleaños!

Hoy es el cumpleaños de Graciela y hay una fiesta en su casa. Ahora Graciela conversa con su hermano Diego.

❖ ❖ ❖

Durante la fiesta de cumpleaños, ¿qué descubren Diego y Rebeca que tienen en común? Ponga un círculo en las respuestas correctas.

a. Están en la cocina.

b. Les gusta la comida de la fiesta.

c. Hoy es su cumpleaños.

d. Quieren bailar.

e. Tienen una hermana.

✳ Las actividades de la clase de español

C. Dos clases muy diferentes

> VOCABULARIO ÚTIL
>
> la traducción   *translation*

Ángela Lucero es una amiga hispana de Carmen Bradley que le ayuda con su clase de español. Ángela también toma una clase de idiomas, pero de francés. Ahora conversan en la cafetería de la universidad.

❖ ❖ ❖

¿Con quién asocia usted estas afirmaciones, con Carmen (**C**) o con Ángela (**A**)?

1. __C__ Es una chica entusiasta, y le gusta mucho su clase de idiomas.   *la langua*

   ↓ languages

2. __A__ Cree que su clase de idiomas es aburrida.

3. __A__ En su clase aprende verbos y más verbos.

4. __C__ En su clase de idiomas la profesora nunca habla inglés.

5. __C__ Le gusta escuchar a su profesora.

6. __A__ En su clase de idiomas la gramática y las traducciones son muy importantes.

7. __C__ En su clase de idiomas hacen entrevistas, cantan y ven videos.

✳ Las habilidades

D. Un trabajo para Mónica

> VOCABULARIO ÚTIL
>
> conseguir   *to get*
> el club nocturno   *night club*
> los programas de computadoras   *computer programs*

Mónica Clark quiere ganar un poco de dinero trabajando después de las clases. Ahora está charlando con Luis Ventura en la cafetería de la universidad.

❖ ❖ ❖

Forme oraciones combinando una frase de la columna A con una frase de la columna B.

Mónica no va a buscar empleo en...

A

1. __C__ un restaurante
2. __d__ un banco   porque
3. __a__ un club nocturno

B

a. no sabe cantar bien.
b. cree que es un trabajo muy doméstico.
c. sólo sabe cocinar para grupos pequeños.
d. necesita horas flexibles.

E. El modesto

VOCABULARIO ÚTIL

impresionarla   *to impress her*
las que hago yo   *the ones that I make*
¡No me diga!   *You don't say!; You're kidding!*
la modestia   *modesty*
ordinaria   *ordinary*

Adriana Bolini conversa con Víctor Ginarte, un nuevo compañero del trabajo. Víctor quiere salir con Adriana y trata de impresionarla.

Indique a quién describen estas oraciones, a Víctor (**V**), a Adriana (**A**) o a ninguno de los dos (**N**).

1. __V__ Es un cocinero excelente y sabe hacer pizzas.
2. __A__ Es una persona ordinaria.
3. __V__ Sabe tocar la guitarra y cantar.
4. __N__ Trabaja en una pizzería.
5. __V__ Sabe pilotear un avión.
6. __A__ Al fin, decide no salir a comer pizza con su compañero del trabajo.

✳ Las carreras y las actividades del trabajo

F. Grandes planes

VOCABULARIO ÚTIL

¡Qué gusto oírte!   *How nice to hear from you!*
recuerda   *remember*
los angelitos   *little angels*
exhausta   *exhausted*
la administración de negocios   *business administration*
mientras tanto   *meanwhile*
me despido   *I'll say goodbye*

Hoy es sábado y Lola Batini conversa por teléfono con Celia, su amiga que vive en Chicago, Illinois.

¿A quién representan estos dibujos, a Lola (**L**), a Celia (**C**) o a las dos (**LD**)?

1. ____

2. ____

3. ____

4. ____

G. La carrera de mis sueños

VOCABULARIO ÚTIL

las leyes   *laws*
Tú te ríes   *You laugh*
complacer   *to please*
seguir la carrera   *to pursue the career*

diseño   *design*
tienes razón   *you're right*
¡Lo sabía!   *I knew it!*

Ricardo Sícora, el joven venezolano, está estudiando derecho en España. Ahora conversa con Pilar Álvarez en un café de la Plaza Mayor de Madrid.

Lea todas las respuestas y luego escoja la más lógica.

1. A Ricardo le gusta Madrid…

   a. pero nunca quiere estudiar.

   b. y tiene tiempo para estar con los amigos.

   c. y nunca tiene tiempo para estudiar.

   d. pero no tiene tiempo para ver la ciudad.

2. Ricardo estudia derecho porque…

   a. le gusta mucho esa carrera.

   b. es la carrera de sus sueños.

   c. su padre quiere tener un abogado en la familia.

   d. tiene un tío que es abogado y gana mucho dinero.

3. Pilar dice que su papá…

   a. es muy tradicional.

   b. no está contento con la carrera de Pilar.

   c. es diferente al papá de Ricardo.

   d. gana mucho dinero.

4. Pilar estudia diseño y arte comercial…

   a. pero no le gusta mucho.

   b. porque sus padres quieren.

   c. y está muy contenta con su carrera.

   d. pero prefiere ser abogada.

5. Pilar no habla en serio cuando dice que Ricardo…

   a. quiere ser policía en el futuro.

   b. sueña con ser actor de cine.

   c. debe estudiar diseño y arte comercial.

   d. quiere ser profesor.

❈ Las actividades futuras

H. Los futuros doctores

VOCABULARIO ÚTIL

el regalo   *gift, present*
la talla   *size*
¡Igual que yo!   *Like me!; The same as I!*
especializarme   *to specialize*

Carla Espinosa trabaja de dependienta en una tienda de ropa en San Juan, Puerto Rico. En estos momentos está conversando con un joven cliente.

¿Cierto (**C**) o falso (**F**)?

1. _F_ El cliente busca un regalo para su hermana.
2. _C_ El cliente conoce a Carla porque los dos son estudiantes en la Universidad de Río Piedras.
3. _F_ Él estudia literatura y ella estudia medicina.
4. _C_ Carla piensa especializarse en España.
5. _C_ El cliente quiere entrar en una buena escuela de medicina.
6. _F_ El cliente decide comprarle un pijama a su mamá.

I. ¡Vamos a correr!

VOCABULARIO ÚTIL

las donas   *doughnuts*

Son las ocho de la mañana de un sábado de primavera. Nora Morales llama a Luis Ventura por teléfono.

¿Cierto (**C**) o falso (**F**)?

1. _C_ Cuando Nora llama, Luis está durmiendo.
2. _C_ Luis no tiene ganas de correr hoy.
3. _C_ Nora insiste en que Luis necesita hacer un poco de ejercicio.
4. _F_ Luis quiere leer el periódico antes de correr.
5. _F_ Nora quiere correr la próxima semana.
6. _F_ Van a tomar un café y comer donas antes de correr.

✳ ¡A repasar!

J. ¡Qué imaginación!

VOCABULARIO ÚTIL

los fantasmas   *ghosts*
el escritor   *writer*
curar   *to cure*
el genio   *genius*

Esta noche Pedro Ruiz y su esposa Andrea están de visita en casa de sus parientes, Ernesto y Estela Saucedo. Después de la cena, los niños —Amanda, Guillermo, Ernestito, Marisa y Clarisa— conversan en el patio.

¿Cuáles son o van a ser las carreras de las siguientes personas?

1. _**e**_ Ernestito
2. _**c**_ el tío Pedro
3. _**d**_ Guillermo
4. _**f**_ Clarisa
5. _**b**_ Amanda

a. cantante de rock
b. no sabe
c. escritor(a)
d. mecánico
e. veterinario/a
f. doctor(a)

Pronunciación y ortografía

✳ Ejercicios de pronunciación

I. PRONUNCIACIÓN: **p, t, c,** AND **qu**

The following consonants are pronounced very tensely: **p, t, qu** before **e** and **i,** and **c** before **a, o,** and **u.** In English these consonants are often pronounced in a more relaxed fashion and with a small explosion of air; no such explosion of air occurs in Spanish. Note also that the Spanish **t** is pronounced with the tip of the tongue touching the back of the upper teeth, whereas the English *t* is pronounced with the tongue further back, on the alveolar ridge.

A. Listen to the following words in English and Spanish.

ENGLISH	SPANISH		ENGLISH	SPANISH		ENGLISH	SPANISH
patio	patio		taco	taco		casino	casino
papa	papá		tomato	tomate		Kay	que

B. Listen and then pronounce the following words tensely, avoiding any escape of extra air.

pelo, piernas, piso, pizarra, planta, pluma, puerta, pequeño, Perú, perro, padre, poco, precio, país

taxi, tiza, traje, tiempo, teatro, televisión, trabajo, tocar, tomar, tenis

cabeza, castaño, corto, café, camisa, corbata, cuaderno

qué, quién, quiero, quince

C. Concentrate on the correct pronunciation of **p, t,** and **c/qu** as you listen and pronounce the following sentences.

1. El pelo de Luis es muy corto.
2. La camisa de Raúl es de color café.
3. Carmen tiene un traje de tenis nuevo.
4. ¿Quién tiene una corbata nueva?
5. Nora tiene un carro pequeño.

II. PRONUNCIACIÓN: LINKING

Words in spoken Spanish are normally not separated, but rather are linked together in phrases called breath groups.

A. Listen to the breath groups in the following sentence.

Voy a comer / y después / quiero estudiar / pero tal vez / si tengo tiempo / paso por tu casa.

Words within a phrase or breath group are not separated but pronounced as if they were a single word.

B. Notice especially the following possibilities for linking words. (C = consonant and V = vowel.)

| C + V | más_o menos, dos_o tres, tienes_el libro |
| V + V | él o_ella, voy_a_ir, van_a_estudiar, su_amigo, todo_el día |

C. Notice also that if the last sound of a word is identical to the first sound of the next word, the sounds are pronounced as one.

| C + C | los_señores, el_libro, hablan_naturalmente |
| V + V | Estoy mirando a_Alicia, ¡Estudie_en México!, ¿Qué va_a_hacer? |

D. Listen and then pronounce the following sentences. Be sure to link words together smoothly.

1. No me gusta hacer nada aquí.
2. Los niños no tienen nada en las manos.
3. El libro está aquí.
4. Linda va a hablar con Norma.
5. Mi hijo dice que son nuevos los zapatos.

✳ Ejercicios de ortografía

I. THE LETTERS c AND q

The letter **c** followed by **a, o,** or **u,** and the letters **qu** followed by **e** and **i** are both pronounced with the sound of the letter *k.* Only foreign words in Spanish are written with the letter **k.**

Listen and write the words or phrases you hear. Be careful to use the letters **c** and **qu** correctly.

1. _____   6. _____
2. _____   7. _____
3. _____   8. _____
4. _____   9. _____
5. _____   10. _____

II. WORD STRESS

A word that ends in a vowel and is stressed on the last syllable must carry a written accent on the last syllable. For example: **mamá.**

A. Listen and then write the words you hear stressed on the last syllable.

1. ————————————————   4. ————————————————

2. ————————————————   5. ————————————————

3. ————————————————

A word that ends in the letters **n** or **s** and is stressed on the last syllable must have a written accent on the last syllable. For example: **detrás.** This includes all words ending in **-sión** and **-ción.**

B. Listen and write the words you hear stressed on the last syllable.

1. ————————————————   6. ————————————————

2. ————————————————   7. ————————————————

3. ————————————————   8. ————————————————

4. ————————————————   9. ————————————————

5. ————————————————   10. ————————————————

Words that end in an **-n** or **-s** in the singular and that are stressed on the final syllable, like **francés** or **comunicación,** do not need a written accent mark on forms with an additional syllable. This includes feminine forms, such as **francesa,** and plural forms, such as **franceses** and **comunicaciones.**

C. Listen and write the following pairs of words.

1. ———————————————— → ————————————————

2. ———————————————— → ————————————————

3. ———————————————— → ————————————————

4. ———————————————— → ————————————————

5. ———————————————— → ————————————————

Videoteca

la bibliotecaria   *librarian*
solicitas   *you (inf. sing.) apply for*
cubierta de aceite   *covered in grease*
la vendedora   *saleswoman*
Fíjate   *look at this*
conveniente   *convenient*
la cuenta corriente   *checking account*
la cuenta de ahorros   *savings account*
cajero automático   *ATM automated teller*

tarjeta de crédito   *credit card*
el préstamo   *loan*
el aspirante   *applicant*
la cita   *appointment*
el archivo   *file (cabinet)*
escribir a máquina   *to type (word process)*
el entrenamiento   *training*
la sucursal   *branch (of a business)*

Sinopsis

Lupe busca un empleo de horas flexibles; ella y Diego leen los avisos clasificados. Días después Lupe se viste para una cita con la directora de personal de un banco. En el banco la directora le explica a Lupe las responsabilidades de recepcionista del banco y Lupe le cuenta su experiencia de recepcionista en su trabajo anterior.

Primero lea estas preguntas y luego vea el video para contestarlas.

A. ¿Cierto (**C**) o falso (**F**)?

1. —— Lupe busca trabajo de peluquera.

2. —— Lupe necesita un trabajo de horas flexibles.

3. —— Lupe cambia de trabajo porque no puede trabajar la jornada completa.

4. —— El trabajo anterior de Lupe era de recepcionista para un médico.

5. —— La directora de personal es la señora Carrasco.

6. —— Si Lupe acepta la oferta del banco, va a trabajar siempre en el mismo banco.

7. —— Generalmente, Lupe va a trabajar los lunes, miércoles y viernes por la tarde.

8. —— Lupe nunca va a tener que trabajar los sábados.

B. Ponga las oraciones en orden lógico.

—— Lupe acepta el puesto en el banco.

—— Lupe sale para la entrevista y Diego le da un beso.

—— Lupe le cuenta a la directora sus responsabilidades en su trabajo anterior.

—— Lupe le pregunta a la directora si va a tener que trabajar los sábados.

—— Lupe busca empleo en los avisos clasificados.

C. Use las palabras de la lista para nombrar las siguientes cosas.

aprender rápido	hacer citas con los clientes	peluquera
bibliotecaria	llevar las cuentas	recepcionista
cajera	mecánico	ser amable y paciente
contestar el teléfono	organizar los archivos	usar una computadora
escribir a máquina	pagar los gastos básicos	vendedora

1. Los puestos que Diego encuentra en el periódico:

———————————————   ———————————————

———————————————   ———————————————

2. Los puestos que Lupe considera:

   _____   _____

   _____

3. Las responsabilidades del trabajo anterior (*previous*) de Lupe:

   _____   _____

   _____   _____

   _____

4. Los requisitos (*requirements*) del puesto en el banco:

   _____   _____

   _____   _____

Lecturas

 **LECTURA** ## Los amigos hispanos: Una carta de Nacho

VOCABULARIO ÚTIL

repaso   *I review*
el camión   *bus (Mex.)*
soñar despierto   *daydream*
se lo agradezco   *I'm grateful to you for it*
los gastos   *expenses*
el gran premio   *big reward*
los extraña   *misses you*

Ignacio Padilla es un estudiante mexicano a quien sus amigos llaman «Nacho». Ignacio estudia arquitectura en la UNAM[1] y vive en la Ciudad de México. Aquí Nacho les escribe una carta a sus padres, quienes viven en la ciudad de Irapuato.[2]

Queridos padres:

   ¿Cómo están? ¿Cómo va todo en Irapuato? Por acá todo bien. Estoy muy ocupado con mis clases y mi trabajo. La verdad, me gusta estar ocupado, aprendiendo cosas útiles para mi carrera de arquitecto.
   Mamá, me preguntas por mi vida y mis rutinas en el D.F.[3] Pues... de lunes a viernes me levanto a las seis. Entonces me ducho, me visto, desayuno y repaso mi tarea brevemente. Luego voy a la parada del camión, donde me espera Silvia, mi novia. Silvia estudia en la UNAM como yo. ¡La quiero mucho! Sé que ustedes también la quieren y eso me alegra.

_____

[1]Universidad Nacional Autónoma de México (*National Autonomous University of Mexico*), la universidad más grande del país
[2]Irapuato está en el estado (*state*) de Guanajuato, región central de México.
[3]Distrito Federal, la capital mexicana; comparable con Washington, D.C. (Distrito de Columbia)

Bueno, llego a la Ciudad Universitaria[1] a las ocho y media cada mañana. Mi primera clase empieza a las nueve y la última termina a las doce. Todas son difíciles. A veces, durante alguna explicación en clase, me pongo a soñar despierto. Me imagino a mí mismo diseñando edificios altos y modernos, viviendo con mi esposa y mis hijos en una casa construida por mí...

Después de mis clases trabajo de chofer de taxi. Ustedes me ayudan con el costo de mis estudios y se lo agradezco mucho. Pero necesito ganar algo más de dinero para mis gastos. ¡Por eso soy chofer! Pero los fines de semana no trabajo. Trato de descansar, aunque siempre tengo que estudiar. Los sábados por la noche voy a bailar o voy al cine con Silvia. Salir con ella es mi gran premio.

Bueno, mis queridos padres, pienso ir a verlos muy pronto y vamos a conversar más sobre mi vida en el D.F. Por ahora reciban el abrazo de su hijo que los quiere y los extraña.

hug   Nacho

Comprensión

¿Qué hace Ignacio «Nacho» Padilla...

1. _f_ a las seis de la mañana de lunes a viernes?
2. _e_ a las ocho y media de la mañana?
3. _d_ a las nueve de la mañana?
4. _a_ a mediodía?
5. _c_ en las tardes, después de sus clases?
6. _g_ a veces, durante alguna clase?
7. _b_ los fines de semana?

a. Sale de su última clase.
b. Va a bailar o va al cine.
c. Trabaja de chofer.
d. Va a su primera clase.
e. Llega a la Ciudad Universitaria.
f. Se levanta.
g. Sueña despierto.
h. Visita a sus padres.

Ahora... ¡usted!

1. Mire el dibujo de Ignacio que está al comienzo de esta lectura. ¿Qué está haciendo él? ¿En qué piensa? ¿Por qué tiene estos pensamientos? _Why is he having these thoughts_
   Nacho sueña despierto. Piensa sobre los edificios altos y modernos. Porque estudia ser un arquitecto.

2. Cuando usted está estudiando, ¿sueña despierto/a como lo hace Nacho? ¿Con qué o con quién sueña?
   Sueña sobre su esposa futuro y su hijos, viviendo en su casa.

✏️ Un paso más... ¡a escribir!

¿Es su rutina similar a la de Nacho o es muy diferente? Lea otra vez el segundo párrafo de la lectura y luego escríbalo con sus datos personales.

Yo estudio _nursing_ en _D'youville_. Me levanto diariamente a las _nueve_, me _ducho_, me _pongo la ropa_ y _desayuno_, me cepillo _los dientes_

Luego voy a... _mis clases. Mi primera clase empieza ~~doce~~ a a las doce y la última termina a las ocho. Después de mis clases hago mi tarea y estudio para mi examen. Durante los fines de semana trabajo a ~~la~~ Holiday Inn. ~~Atiendo las mesas~~_
~~...~~ Sirve los clientes en la restaurante. Los sábados voy a bailar y ~~voy~~ tomo los refrescos.

 **LECTURA** **Los amigos hispanos: Silvia Bustamante**

VOCABULARIO ÚTIL

— from casarse

ayudar   *to help*
cuando nos casemos   *when we get married*
peligroso   *dangerous*
→ no me dejaban   *they didn't let me*

imperfect (did alot before)

se ganó la confianza   *he earned the trust*
todo un caballero   *quite a gentleman*

This is a...

Ésta es la breve historia de una estudiante mexicana. Ella nos cuenta aquí de sus estudios, su novio y su familia.

¿Qué tal, amigos? Me llamo Silvia Bustamante y soy de Morelia, pero ahora vivo en la Ciudad de México con mis tíos. Éste es mi segundo año de estudios en la UNAM. Quiero ser doctora porque me gusta la medicina. También me gusta ayudar a la gente.

Tengo novio. Se llama Nacho Padilla y estudia en la universidad, como yo. Él quiere ser arquitecto. Nacho dice que un día, cuando nos casemos, va a construir una casa en las Lomas de Chapultepec[1] para nuestra familia. Es un plan muy bonito. Pero yo siempre le digo que no va a construir, él solo, la casa de nuestros sueños. ¡Vamos a contruirla *los dos* juntos!

In Mexico   Nacho y yo vamos en camión (*bus*) a la universidad todos los días. Durante el viaje nos gusta charlar y observar a la gente; muchas veces tenemos que repasar nuestros apuntes para las clases. No es fácil hacerlo, ¿saben? Es que... siempre hay tantos temas interesantes de qué conversar.

Me gusta vivir en el D.F. con mis tíos, aunque la verdad es que son muy estrictos. ¡Son más estrictos aún que mis padres! Ellos dicen que tengo 21 años solamente y que la capital es un lugar peligroso para una mujer joven. Antes no me dejaban salir sola con Nacho, pero pronto él se ganó la confianza de toda la familia. Ahora mis tíos están convencidos de que Nacho es todo un caballero. Y ésa es la verdad.

other Hispanic/Latin speaking countries
camión is a truck

Comprensión

Combine las frases para formar oraciones completas.

1. ___d___ Silvia vive ahora con…
2. ___a___ A Silvia le gusta vivir en el Distrito Federal,…
3. ___c___ Nacho dice que…
4. ___b___ Los tíos de Silvia piensan que…
5. ___e___ En el camión, Nacho y Silvia…

a. aunque sus tíos son estrictos.
b. Nacho es un muchacho decente y amable.
c. algún día Silvia y él van a vivir en las Lomas de Chapultepec.
d. sus tíos en la capital del país.
e. conversan y se preparan para sus clases.
f. hacen dibujos de su futura casa.

Ahora… ¡usted!

1. ¿Son estrictos sus padres? ¿Qué opinan ellos de sus actividades y de sus amigos?

_____

_____

---

[1]Lomas… un barrio muy elegante en la Ciudad de México

2. ¿Qué tipo de padre/madre es o va a ser usted? ¿Es o va a ser muy estricto/a?

_____

3. ¿Es peligrosa la zona donde usted vive? ¿Puede salir solo/a de noche? ¿Le gustaría vivir en otro lugar? ¿Por qué? Explique.

_____

_____

_____

Un paso más... ¡a escribir!

Imagínese una conversación entre Silvia y Nacho mientras viajan en autobús a la universidad. Le sugerimos este tema: ¡hoy tienen examen! Luego escriba un diálogo de una página o más entre los novios.

MODELO:　NACHO:　*Silvia, estoy un poco preocupado porque...*
　　　　　SILVIA:　*Sí, yo también, Nacho. Pero...*
　　　　　NACHO:　*...*

CAPÍTULO

6

La residencia

 ctividades escritas

✳ El vecindario y la casa

Lea Gramática 6.1–6.2.

A. Haga comparaciones.

MODELO:

Alberto   Esteban   Luis

(es: más alto que; el más alto de) → *Alberto es más alto que Esteban.*
Esteban es más alto que Luis.
Alberto es el más alto de los tres.

el sofá   el sillón   la mesita

1. (es: más grande o más pequeño/a que; el/la más grande o más pequeño/a de)

El sofá es más grande que el sillón.
El sillón es más grande que la mesita.
El sofá es el más grande de los tres.

el abuelo   **el hombre**   **el niño**

2.   (es: mayor o menor que; el mayor o menor de)

El niño es menor que el hombre.
El hombre es menor que el niño.
El abuelo es el mayor de los tres.

el carro   **la casa**   **la bicicleta**

3.   (es: más caro/a o más barato/a que; el/la más caro/a o más barato/a de)

El carro es más caro que la bicicleta.
La casa es más caro que el carro.
La bicicleta es el más barato de los tres.

Amanda   **Graciela**   **Ernestito**
$1,000 $1,000 $50

4.   (tiene: tanto dinero como; no... tanto dinero como)

Amanda tiene tanto dinero como Graciela.
Ernestito no tiene tanto dinero como Graciela.
Ernestito no tiene tanto dinero como Amanda.

la casa de los Ruiz   **la casa de los Saucedo**   **la casa de los Silva**

5.   (tiene: tantas ventanas como; no... tantas ventanas como)

La casa de los Saucedo tiene tantas ventanas como la casa de los Silva.
La casa de los Silva no tiene tantas ventanas como la casa de los Ruiz.
La casa de los Saucedo no tiene tantas ventanas como la casa de los Ruiz.

el edificio
Torres

el edificio
Echeverría

el edificio
Gonzaga

6. (es: tan moderno como; no... tan moderno como)

el edificio Torres es tan moderno como el edificio Echeverría.
El edificio Gonzaga no tan moderno como el edificio Torres
El edificio Gonzaga no es tan moderno como el edificio Echeverría

B. ¿Mejor o peor? Explique qué es mejor o peor y por qué.

MODELO: ¿Tener un baño o tener varios? →
Es peor tener varios baños porque es difícil limpiar los baños.

1. ¿Vivir en el desierto o vivir en el centro de una ciudad grande?

Es peor vivir en el centro de una ciudad grande porque hay muchas personas.

2. ¿Tener una casa pequeña o tener una casa grande?

Es mejor tener una casa grande porque es difícil limpiar la casa.

3. ¿Vivir solo/a o vivir con la familia?

Es mejor vivir con la familia porque hay siempre personas en la casa.

4. ¿Poner alfombra o poner piso de madera[1]?

Es peor poner alfombra porque tengo que pasar la aspiradora.

5. Comprar una casa con patio grande o comprar un condominio sin patio?

Es mejor comprar una casa con patio grande porque puedo hacer a barbacoa y puedo tomar el sol.

C. En dos o tres párrafos, describa un día típico en su casa y en su vecindario con su familia. ¿Qué hace usted con sus padres? ¿con sus hermanos? ¿con sus hijos? ¿con sus amigos? ¿Qué hacen juntos los fines de semana? Escriba los párrafos en una hoja de papel aparte.

D. Escoja uno de estos temas y escriba uno o dos párrafos en una hoja de papel aparte.

1. Describa su casa o apartamento. Diga cómo son el exterior y el interior. Describa las cosas que usted tiene: los muebles, los aparatos, los cuadros.
2. Describa su vecindario en detalle. Comente sobre todo lo que hay en su vecindario: las casas, las tiendas, los restaurantes, las escuelas.

_____
[1]piso... *hardwood floor*

✳ Las actividades en casa

Lea Gramática 5.4.

E. Escriba cinco oraciones sobre quién en su familia tiene la obligación o el deber de hacer estos quehaceres domésticos.

MODELO: mi hijo / tener que / lavar el carro → *Mi hijo tiene que lavar el carro.*

yo		limpiar la casa
mi madre/padre		cocinar/preparar la cena
mi(s) hermano(s)	tener que	pasar la aspiradora
mi(s) hermana(s)	deber	tender las camas
mis abuelos	necesitar	sacar la basura
mi(s) hijo(s)/hija(s)		✓ ayudar a mamá
mi novio/a		¿ ?
mi esposo/a		
nadie		

1. _yo tengo que ayudar a mamá._
2. _mi padre necesita cortar el césped._
3. _mis hermanos deben sacar la basura y regar las plantas._
4. _Mi abula tiene que es preparar la cena._
5. _mi madre necesita limpiar la casa._

F. Escoja seis de los quehaceres a continuación y diga con qué frecuencia hay que hacerlos. Use **hay que** y **es necesario** para indicar obligación; use estas expresiones para indicar la frecuencia: **todos los días, cada noche, cada semana, todos los fines de semana, diariamente, a veces, nunca, muchas veces, a menudo, frecuentemente.**

Quehaceres: bañar al perro, barrer el patio, cocinar, hacer las compras, regar las plantas, desempolvar

MODELO: lavar el carro → *Hay que lavar el carro cada semana.*

1. _Es necesario bañar al perro a veces._
2. _Hay que barrer el patio todos los fines de semana._
3. _Es necesario cocinar todos los días._
4. _Hay que hacer las compras a menudo._
5. _Es necesario regar las plantas muchas veces._
6. _Hay que desempolvar cada semana._

✳ ✏ **G.** Escriba en una hoja de papel aparte uno o dos párrafos sobre sus obligaciones en casa. ¿Qué tiene que hacer todos los días por la mañana? ¿Tiene que preparar el desayuno? ¿Tiene que lavar los platos? ¿Tiene que tender las camas? ¿Debe pasar la aspiradora? ¿Debe sacudir los muebles? ¿Necesita preparar el almuerzo? Y por la tarde, ¿qué debe hacer? ¿Necesita preparar la cena? ¿Debe sacar la basura de la cocina? ¿Es necesario regar las plantas? ¿Tiene que lavar la ropa? ¿Tiene que plancharla? ¿Tiene algunas otras obligaciones? ¿Cuáles son?

✳ Las actividades con los amigos

Lea Gramática 6.3.

H. ¿Qué hizo la familia Saucedo ayer? Mire los dibujos y diga qué hizo cada persona.

MODELO: *Ernestito jugó con su perro, Lobo.*

1. Ernestito ___~~sague~~ sacó la basura.___
2. Lobo ___jugó con el gato.___
3. Amanda ___~~tiende~~ tendió la cama.___

4. Ernesto ___~~trabajó~~ habló por teléfono por una hora.___
5. Estela ___regó las plantas.___
6. Guillermo ___cortó ~~el~~ el césped___

I. Diga si usted hizo estas actividades o no el día de su último cumpleaños.

> MODELO: ¿Bailó? → *Sí, bailé mucho en una fiesta en mi casa.*

1. ¿Se levantó temprano? _No me levanté temprano._

2. ¿Desayunó con su familia o con sus amigos? _Desayuné con su familia._

3. ¿Charló por teléfono con su mejor amigo/a? _Sí, charlé por teléfono con mi mejor amiga._

4. ¿Asistió a clases o se quedó en casa? _Me quedé en casa._

5. ¿Limpió su casa? _No, no limpé mi casa._

6. ¿Recibió muchos regalos? _Sí, recibí muchos regalos._

7. ¿Cenó en un restaurante con su novio/a (esposo/a)? _Cené en un restaurante con mi familia._

8. ¿Bailó en una discoteca con sus amigos? _Bailé en una discoteca con mis amigos._

✳ Las presentaciones

Lea Gramática 6.4–6.5.

J. Escoja entre **saber** y **conocer**. Recuerde: asocie **conocer** con «personalmente» y **saber** con «intelectualmente». Llene cada espacio en blanco con la forma correcta del verbo.

1. —¿ _Sabes_ dividir sin calculadora, Esteban?

   —No, Carmen, yo no _sé_ . ¡Es muy difícil!

2. —Profesora, ¿ _conoce_ usted el Zoológico de San Diego?

   —No, no lo _conozco_ . ¿Lo _conocen_ ustedes?

3. —Raúl, ¿ _sabes_ si hay un buen restaurante mexicano cerca de la

   universidad?

   —Sí, hay uno excelente. Lo _conozco_ muy bien porque como allí con frecuencia.

4. —Carmen, ¿es grande la casa de Lan?

   —No _sé_ . No _conozco_ su casa.

5. —Nora, ¿ _sabes_ dónde puedo comprar una guitarra buena?

   —Sí, Esteban, sí _sé_ . Pero no _sé_ cuánto cuestan.

6. —Mónica, ¿ _conoces_ a la familia de la profesora Martínez?

   —No, solamente _conozco_ a uno de sus primos.

7. —Profesora Martínez, ¿ _sabe_ usted cocinar?

   —No, Esteban, yo no _sé_ cocinar pero _sé_

   preparar sándwiches muy buenos.

8. —¿ _conocen_ ustedes Madrid?

   —No, no conocemos esa ciudad pero _sabemos_ que es la capital de España.

K. Llene los espacios en blanco usando estos pronombres de complemento directo: **lo/la, los/las.**

1. —Lan, ¿conoces a Esteban Brown?

—Sí, _lo_ conozco bien. Somos amigos y compañeros de clase.

2. —Mónica, ¿vas a ver a tus amigos esta noche?

—Sí, mamá, _los_ voy a ver en el cine a las 7:00 de la noche.

3. —Pablo, ¿dónde están tus hermanos? No _los_ veo.

—Están aquí en el jardín, al lado del arbusto. No _los_ ves porque no hay luz.

4. —¿Dónde están Luis y Nora? No _los_ veo.

—Profesora, no _los_ ve porque no están aquí. Están enfermos hoy.

5. —Lan, ¿vas a invitar a Carmen y a Mónica a la fiesta?

—Sí, claro que _las_ voy a invitar. Son mis amigas.

L. Escriba un pequeño diálogo presentándole un nuevo amigo / una nueva amiga a su abuelo/a.

YO: _Quiero presentarle ~~a~~ mi nuevo amigo, José._

MI ABUELO: _Mucho gusto ~~en~~ en conocerlo, señor._

MI AMIGO/A: _Igualmente_
or Encantado, señora Moriconi.

Resumen cultural

Complete con la informacíon cultural del **Capítulo 6.**

1. ¿Qué inspira al artista italiano-peruano Dino Ghirardo? _____

2. Muchas veces las casas y los apartamentos en las ciudades hispanas son pequeños. Por lo tanto muchos hispanos van al / a la _____ para pasear y conversar.

3. En la típica ciudad hispana hay muchas zonas mixtas. Describa una zona mixta.

_____

4. ¿Qué ciudad costarricense se llama «La Ciudad de los Mangos»? ¿Por qué se la llama así?

_____

5. ¿Cuándo tienen lugar las fiestas de Las Posadas en México? _____

6. ¿Qué hacen los niños del barrio para celebrar las Posadas? _____

_____

7. Nombre tres ciudades que conservan su zona colonial como atracción turística.

_____ , _____ y _____

Actividades auditivas

✳ Para empezar

A. Experimentos fantásticos

Ramón Gómez está de visita en casa de la familia Saucedo para ver a su novia, Amanda. Pero Amanda no está lista, así que Ramón conversa con Ernestito.

¿En qué clase —biología (**B**) o educación física (**E**)— hace Ramón las siguientes actividades?

1. _E_ Hace ejercicio.
2. _B_ Hace experimentos fantásticos.
3. _E_ Practica deportes.

4. _E_ Corre.
5. _B_ Usa un laboratorio.

B. El ingeniero y el profesor

Pablo Cavic y Raúl Saucedo están en la cafetería de la universidad, conversando sobre sus futuras carreras.

¿Quién diría lo siguiente, Pablo (**P**) o Raúl (**R**)?

1. _R_ Tengo que estudiar física.
2. _R_ Mis clases son difíciles.
3. _P_ Me gusta mucho el idioma español.
4. _P_ Necesito tener paciencia para poder enseñar bien.
5. _P_ Me gusta ayudar a la gente.

✳ El vecindario y la casa

C. ¡Qué buen gusto!

VOCABULARIO ÚTIL

se mudan *they are moving*
el estilo de moda *contemporary style*
seguramente *most likely*

Las amigas Rosita Silva y Lola Batini están mirando por la ventana de la casa de Rosita. Están observando al señor y a la señora Rivas, que se mudan hoy a un apartamento del vecindario.

❖ ❖ ❖

Escoja la mejor respuesta.

1. _C_ lleva unos pantalones rojos.

a. Doña Rosita   c. La señora Rivas

b. El doctor Rivas   d. Doña Lola

2. _B_ tiene las piernas largas y lleva unos pantalones cortos.

a. Doña Rosita   c. La señora Rivas

b. El doctor Rivas   d. Doña Lola

3. Los muebles de _A_ son de color morado y azul.

a. la sala   c. el dormitorio

b. la cocina   d. el comedor

4. Para _D_ los Rivas tienen muebles muy bonitos y modernos, según doña Lola.

a. el baño   c. el dormitorio

b. la cocina   d. el comedor

5. Las dos amigas creen que los Rivas _C_ porque su televisor es enorme.

a. no saben dónde está el televisor   c. ven mucho la televisión

b. no tienen refrigerador   d. tienen muchos muebles modernos

D. Condominios El Paraíso

VOCABULARIO ÚTIL

pagar *to pay*   alquilar - to rent
cómodos *comfortable*
privado *private*
la alberca *swimming pool (Mex.)* la piscina
¡Disfrute! *Enjoy!*
el hogar *home*

Y ahora KSUN, Radio Sol, le presenta un mensaje de Condominios El Paraíso, que están en Mazatlán, México.

❖ ❖ ❖

Complete los espacios en blanco.

¿Están cansados de pagar el ___alquile de su casa___¹ cada mes? Tenemos la solución perfecta.

Nuestros ___condominios___² son grandes y cómodos, con tres ___dormitorios___³

dos baños y una gran ___sala___⁴ con balcón privado. Tienen una

___cocina___⁵ moderna y comedor separado. Venga a vernos. Estamos en la avenida

Mirador del Sur, número ___700___,⁶ aquí en Mazatlán. Recuerde, Condominios El

Paraíso.

✳ Las actividades en casa

E. Limpieza a Domicilio Espinosa

VOCABULARIO ÚTIL

la Limpieza a Domicilio   *Housecleaning*
sacudimos   *we dust*
el tiempo libre   *free time*

Ahora KSUN, Radio Sol, presenta un mensaje comercial de
sus amigos en Limpieza a Domicilio Espinosa.

❖ ❖ ❖

Complete el párrafo con la información necesaria.

Limpieza a Domicilio Espinosa: ¡el mejor servicio! _____¹ toda su casa por un

precio muy bajo. Pasamos la aspiradora y _____² de la sala y los dormitorios.

_____³ la cocina, el comedor y el patio, y _____⁴ por

solamente ____⁵ dólares. Disfrute de su tiempo libre mientras nosotros hacemos sus

_____.⁶

F. A la abuela le gusta el fútbol

VOCABULARIO ÚTIL

la telenovela   *soap opera*
el campeonato   *championship*
¿Podría?   *Could I?*
emocionante   *exciting*
mete más goles   *scores more goals*

Raúl Saucedo está visitando a su abuela, doña María Eulalia, en
Guanajuato, México. Ahora conversan después de la cena.

❖ ❖ ❖

¿Quién diría esto, la abuela (**A**) o Raúl (**R**)?

1. _____ ¡Ahhh, sólo aquí puedo comer una comida tan deliciosa!

2. _____ Debe estar cansada después de preparar esta cena. Yo voy a lavar los platos.

3. _____ No voy a ver una telenovela. Prefiero ver el partido de fútbol.

4. _____ Las abuelas de mis amigos no son como usted.

5. _____ Prefiero el equipo América.

✳ Las actividades con los amigos

G. Un verano divertido

VOCABULARIO ÚTIL

from: hacer →

me divertí   *I had fun*
hiciste   *you did*
chistosa   *funny*
la aficionada   *fan*
¡Increíble!   *Unbelievable!; Incredible!*

Raúl Saucedo está en la cafetería de la Universidad de Texas en San Antonio. Conversa con su amigo Esteban Brown sobre sus actividades del verano.

❖ ❖ ❖

¿Qué actividades hizo Raúl con su abuela durante el verano? Indique si es cierto (**C**) o falso (**F**) lo que expresan los dibujos.

1. _C_

2. _C_

3. _C_

4. _C_

5. _F_

6. _F_

✳ Las presentaciones

H. El nuevo compañero

VOCABULARIO ÚTIL

el bailador   *dancer*
a tus órdenes   *at your service*
con permiso   *excuse me*

Alfredo Gil es un joven uruguayo que estudia arquitectura en la Universidad Autónoma de México. Ahora está en una fiesta en casa de Nacho Padilla, quien también estudia arquitectura.

¿A quiénes corresponden estas descripciones? **¡OJO!** Puede haber más de una respuesta y algunas se usan más de una vez.

1. __b, f, c__ Estudia arquitectura.

2. __d__ Canta y toca la guitarra.

3. __a__ Baila muy bien.

4. __e__ Es la novia de Nacho.

5. __f__ Le presentó sus amigos a Alfredo.

6. __b__ Es un nuevo compañero de Uruguay.

7. __b__ Le gustaría escuchar las canciones de Maribel.

8. __f__ Tiene una fiesta en su casa.

a. Jorge Ávalos
b. Alfredo Gil
c. Carlos Hernández
d. Maribel
e. Silvia Bustamante
f. Nacho Padilla

✳ ¡A repasar!

I. ¡Eso es obvio!

VOCABULARIO ÚTIL

despacio   *slow; slowly*
perfectamente   *perfectly*
obvio   *obvious*
encantadores   *charming*

Raúl Saucedo está almorzando en la cafetería de la universidad. Luis Ventura llega a su mesa con una amiga que Raúl no conoce.

Complete los espacios en blanco.

1. Raúl habla despacio porque no sabe que Cynthia __sabe hablar español__

2. Cynthia aprendió español __en casa__ .

3. Cynthia estudia en __Nueva York__ pero en el verano va a __Buenos aires__
4. Este semestre Cynthia vive con __la familia de Luiz__
5. Raúl invita a Cynthia y a Luis a __comer__ .
6. Luis quiere llevar a Cynthia a conocer __la universidad__

(P)ronunciación y ortografía

※ Ejercicios de pronunciación

I. PRONUNCIACIÓN: g AND gu

The letter **g** is usually soft in Spanish, that is, the back of the tongue is near the roof of the mouth, but never completely closes it off, as it does in the pronunciation of English *g*. Remember that the **u** in the combinations **gui** and **gue** is never pronounced.

A. Listen and repeat the following words, concentrating on a soft pronunciation of the letter **g**.

> diga, estómago, abrigo, traigo, amiga, portugués, elegante, lugar, jugar, pregunta, llegar, hamburguesa, regular

When the letter **g** is preceded by the letter **n,** it may be pronounced hard as in the English letter *g* in the word *go*.

B. Listen and repeat the following words with **ng,** concentrating on a hard pronunciation of the letter **g**.

> tengo, pongo, vengo, domingo

C. Listen and then repeat the following sentences, concentrating on the correct pronunciation of the letter **g**.

1. Tengo un estómago muy delicado.
2. El domingo vamos a un lugar muy elegante para comer.
3. Yo me pongo el abrigo cuando hace frío.
4. Mañana traigo mi libro de portugués.
5. A Gustavo le gusta jugar al tenis.
6. Si vas a tocar la guitarra el domingo, no vengo.

II. PRONUNCIACIÓN: s

The letter **s** between vowels is always pronounced with the hissing sound of *s*, never with the buzzing sound of English *z*. Place your finger on your Adam's apple and pronounce *s* and *z* in English. You will feel the difference!

Listen and pronounce the following words. Be sure to avoid the *z* sound.

> José, Susana, vaso, mesa, Rosa, Luisa, camisa, piso, esposa

✱ Ejercicios de ortografía

I. THE COMBINATIONS **gue** AND **gui**

Remember that the letter **g** is pronounced like **j** before the letters **e** and **i,** as in **gente** and **página.** In order for the letter **g** to retain a hard pronunciation before these vowels, the letter **u** is inserted, as in **portuguesa** and **guitarra.**

 Listen and write the following words with **gue** and **gui.**

1. _____   3. _____

2. _____   4. _____

II. SEPARATING DIPHTHONGS

If the ending of a word rhymes with **María** or **frío,** an accent mark must be written on the **i.**

Listen and write the following words with an accent mark on the **i.**

1. _____   5. _____

2. _____   6. _____

3. _____   7. _____

4. _____   8. _____

🅥ideoteca 📼

VOCABULARIO ÚTIL

me visto   *I dress; get dressed*
cariñosa   *loving*
ruido   *noise*
Te lo prometo   *I promise you*
me va a gustar   *I am going to like it*
¿De parte de quién?   *Who is calling, please?*
Permítame tantito   *Just a minute*
las vitaminas   *vitamins*

Sinopsis

Diego vive con su tía Matilde, pero hoy va a ver el apartamento que va a compartir con otros estudiantes. Su amigo Antonio le enseña la recámara. Mientras Diego habla con Antonio, la tía Matilde llama por teléfono y quiere hablar con Diego.

Primero lea estas preguntas y luego vea el video para contestarlas.

A. ¿Cierto (**C**) o falso (**F**)?

1. _____ A Diego le gusta vivir con la tía Matilde.

2. _____ La tía Matilde le trae a Diego una camisa, una corbata y pantalones.

3. _____ Hoy Diego va a visitar a su profesor.

4. _____ La tía Matilde canta ópera en la mañana.

5. _____ Antonio almuerza en la cafetería los lunes y los miércoles.

6. _____ Por lo general Diego se acuesta a las 9:00 de la noche.

7. _____ La recámara nueva de Diego tiene armario.

8. _____ La tía Matilde llama para saber si Diego necesita camisas nuevas.

B. Conteste las preguntas.

1. ¿Quién se levanta a las 5:00? _____

2. ¿Quién se levanta a las 6:30? _____

3. ¿Quién se levanta a las 7:00? _____

4. ¿Quién se levanta a las 7:30? _____

5. ¿Qué muebles tiene Diego en su nueva recámara?

_____   _____

_____   _____

C. Escriba el nombre de la persona (la tía Matilde [**M**], Diego [**D**], Antonio [**A**]) que puede hacer estos comentarios.

1. _____ Mañana me despierto en mi nuevo apartamento.

2. _____ Me gusta cantar en el baño.

3. _____ No te levantamos a las cinco.

4. _____ Debes ponerte esta camisa.

5. _____ No puedo hacer ruido después de las 9:00.

6. _____ ¿Te gusta tu recámara?

 **ecturas**

  # Habla la gata Manchitas

VOCABULARIO ÚTIL

las pulgas   *fleas*
los amos   *masters*
los seres humanos   *human beings*
¡Busca ratones!   *Go look for mice!*
ladran   *they bark*
las sobras   *leftovers*
la lengüita   *little tongue*

Algunas personas dicen que los animales piensan y que tienen ideas. Pues, en casa de la familia Saucedo vive una gata muy especial. Se llama Manchitas y es un animal muy observador, con opiniones propias. Imagínese que, por un momento fantástico, Manchitas puede hablar. Éstas son sus observaciones...

Estas pulgas, ¡estas pulgas! Aquí estoy en el sofá, muy aburrida. Es que mis amos casi nunca me prestan atención. Sólo los niños de esta familia, Ernestito y Guillermo, juegan conmigo. Y no siempre me gusta jugar con ellos. A veces me tratan mal, como un juguete. ¡Ay!

Mis amos, Ernesto y Estela, no saben que soy muy observadora. Ellos probablemente piensan que a mí sólo me gusta comer y dormir. ¡Ay! Los seres humanos no comprenden a los animales, y mucho menos a nosotros, los felinos.

Todos los días mis amos hacen las mismas cosas. Estela, mi ama, se levanta temprano y va a la cocina para tomar esa bebida negra y caliente que ellos toman todas las mañanas, el «café». Después, mi ama llama a mi amo, pero el señor siempre quiere dormir un poco más. Entonces ella abre las cortinas y en el dormitorio entra mucha luz. «¡Qué horror!», grita mi amo. «¡Es mucha luz! ¡No puedo abrir los ojos, Estela!»

Luego mi ama toca a la puerta de su hija Amanda y la muchacha sale de su cuarto. Amanda siempre saluda a su mamá; le dice «¡Buenos días!» La joven de esta familia no tiene problemas en despertarse. ¡Pero Ernestito y Guillermo sí tienen problemas! Estela va a su dormitorio y los despierta. Ellos también quieren dormir más. «¡Vamos, a la escuela!», dice mi ama. Y los dos niños se levantan poco a poco.

Ernesto se baña, se viste, lee el periódico, toma la bebida negra y dice algunas cosas complicadas que yo no comprendo. Mi ama y la señora Berta (que hace trabajos domésticos y también vive en esta casa) preparan el desayuno de la familia. Todos desayunan juntos casi siempre. (Mmmm. Los seres humanos comen mucho mejor que nosotros los gatos.) Después, Ernesto y sus hijos salen y mi ama se queda en casa.

Estela entonces me lleva afuera, diciendo: «¡Anda, vete, Manchitas! ¡Busca ratones!» Hace frío por la mañana y no me gusta estar afuera; por eso siempre busco un poquito de sol o salto a la ventana. Desde la ventana puedo mirar a mi ama, que está adentro. Ella se baña, se viste, se maquilla, tiende la cama... ¡todos los días lo mismo! Y luego Berta sacude los muebles y pasa la aspiradora. ¡Miau! ¡No me gusta ese aparato!

Mi ama sale con Berta por la tarde. Creo que van al mercado, porque luego regresan con comida. Y yo me quedo en el patio, muy solita. Para divertirme me subo a la cerca del jardín. En el jardín vive Lobo, el perro de Ernestito. Y en la casa de al lado hay un perro que se llama Sultán. Los dos perros saltan y saltan para llegar adonde estoy yo. ¡Ja! No pueden subir; están muy gordos. ¡Y cómo ladran! A Ernestito le gusta Sultán; dice que quiere traerlo a vivir con nosotros. Pero ya tiene perro. ¿Dos perros en esta casa? ¡Miau!

Por las noches mis amos comen y me dan las sobras. Después de comer, van a visitar a los vecinos o a caminar por el barrio. Los niños miran el objeto de luz, que ellos llaman la «televisión». ¡Cómo les gusta mirar a otros seres humanos en ese objeto!

Por fin, todos se acuestan. Y yo, pues, me doy un buen baño con mi lengüita, y me duermo también en el sofá. Y aquí estoy ahora. ¡Miau! ¡Cuánto detesto estas pulgas!

Comprensión

— Master of house

¿A quién se refiere cada oración? Diga si se refiere (**a**) al amo, (**b**) a la ama, (**c**) a Amanda, (**d**) a Ernestito, (**e**) a Guillermo, (**f**) a Berta, (**g**) a Manchitas o (**h**) a toda la familia. **¡OJO!** A veces hay más de una respuesta.

1. __g__ Es muy observadora.
2. __a y e__ Le gusta el perro del vecino.
3. __b__ Se levanta temprano.
4. __g__ Detesta las pulgas.
5. __f__ Pasa la aspiradora.
6. __e + d + c__ Juega con Manchitas.
7. __c__ Le es fácil despertarse.
8. __a y b__ Toma la bebida negra.
9. __e, d, c__ Mira la televisión.
10. __c__ Saluda a su mamá todos los días.
11. __a y b__ Visita a los vecinos.
12. __d y e__ Siempre quiere dormir un poco más.

Ahora... ¡usted! *Homework*

1. ¿Le gustan los animales? Explique por qué.

_____

_____

2. ¿Tiene usted un animal doméstico (una mascota)? ¿Cómo es? ¿Qué le gusta comer? ¿Tiene una personalidad especial? ¿Hace cosas cómicas a veces? ¡Descríbalo! Si no tiene un animal doméstico, ¿por qué no? ¿Le gustaría tener uno? Describa lo que para usted es el animal doméstico ideal.

_____

_____

_____

_____

_____

_____

3. ¿Le gusta jugar o pasar mucho tiempo con su mascota?

_____

_____

✎ Un paso más... ¡a escribir!

Imagínese que su animal doméstico puede hablar. (Si no tiene mascota, invente una.) ¿Cuál es la opinión del animal sobre su condición doméstica? Hágale las siguientes preguntas, y luego escriba un párrafo con sus respuestas.

1. ¿Estás contento/a en tu casa? ¿Por qué?
2. ¿Te gusta la comida? ¿Qué comes con frecuencia? ¿Y qué prefieres comer?
3. ¿Te molestan las pulgas? ¿Qué otras cosas te molestan?
4. ¿Cómo son tus amos?

EL MUNDO HISPANO... LA GENTE

Lety Guerrero Romero tiene 29 años y es de México, D.F.

Describa la ciudad o pueblo donde usted se crió. *she grew up*

Nací y me crié en la Ciudad de México, D.F., a la cual quiero mucho. En la actualidad es una ciudad demasiado poblada. Como visitante, basta[1] estar poco tiempo para no olvidarla. Pero cuando se vive dentro, hay que conocer sus mañas;[2] no es fácil, pero una vez que se logra[3] dominarla y conocerla, es muy difícil dejarla. México es como una ciudad encantada.[4]

[1]*it's enough*   [2]*secretos*   [3]*una... once you manage*   [4]*charmed*

Comprensión

Combine las frases para formar oraciones completas.

1. __b__ Lety nació y se crió en...
2. __c__ Lety opina que es importante...
3. __a__ Ahora en la ciudad donde Lety nació hay...
4. __d__ Para Lety, México es...

a. mucha gente.
b. la Ciudad de México, D.F.
c. conocer y dominar su ciudad.
d. una ciudad encantada.
e. no conoce bien su ciudad.
f. los Estados Unidos.

Hablando del pasado

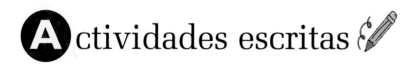Actividades escritas

✳ Mis experiencias

Lea Gramática 7.1–7.2.

A. Imagínese que un compañero / una compañera de su clase de español le pregunta si usted va a hacer las siguientes cosas. Dígale que usted ya las hizo **ayer** (**anteayer, anoche, la semana pasada,** etcétera).

> MODELO: ¿Vas a hacer tu tarea de español esta noche? → *No, ya hice mi tarea ayer.*

1. ¿Vas a estudiar esta noche?

   ——

2. ¿Vas a ver una película mañana en la noche?

   ——

3. ¿Vas a visitar a tus padres este fin de semana?

   ——

4. ¿Vas a hacer ejercicio conmigo ahora? (conmigo → contigo)

   ——

5. ¿Vas a ir de compras el sábado?

   ——

B. Complete el párrafo usando el pretérito de los verbos que aparecen entre paréntesis.

Ayer —————————[1] (ser) un día difícil. ——— —————————————[2] (Yo: levantarse) muy

tarde porque no —————————[3] (oír) el despertador. No ——— —————————————[4]

(ducharse); ——— —————————————[5] (vestirse) rápido y —————————————[6] (salir)

para el trabajo… Pero primero —————————[7] (ir) a la gasolinera y —————————————[8]

(poner) gasolina. Luego _____⁹ (manejar) muy rápido y casi

_____¹⁰ (llegar) a tiempo a mi trabajo… Bueno, _____¹¹

(llegar) un poco tarde, pero solamente cinco minutos. El jefe ___ _____¹²

(ponerse) furioso y me _____¹³ (dar) más trabajo que nunca. _____¹⁴

(Yo: trabajar) todo el día; no _____¹⁵ (almorzar) ni _____¹⁶

(descansar) en todo el día. _____¹⁷ (Salir) del trabajo a las 6:00 de la tarde…

_____ _____¹⁸ (Tener que) correr para llegar a la universidad, a la

clase de las 7:00 de la noche. Pues… _____¹⁹ (asistir) a clase pero no

_____²⁰ (oír) nada de lo que _____²¹ (decir) el profesor.

¡_____²² (Dormir) durante las tres horas de la clase! Y ahora el problema es que

el miércoles tengo un examen… ¡Ay! ¿Qué voy a hacer?

❋ Las experiencias con los demás

Lea Gramática 7.3–7.4 y repase 7.1–7.2.

C. Complete el primer párrafo con lo que usted hizo ayer y el segundo con lo que hizo su amigo/a.

Ayer

Yo	Mi amigo/a
_____¹ al tenis. (jugar)	Él/Ella _____⁷ al básquetbol. (jugar)
Después ___ _____.² (ducharse)	No ___ _____,⁸ pero sí. (ducharse)
Más tarde, ___ _____³ (ponerse)	___ _____⁹ ropa limpia. (ponerse)
ropa limpia para ir al cine y _____⁴ (ir)	Por la tarde _____¹⁰ a cenar (salir)
al cine con mi novio/a. ___	con su novio/a. Él/Ella también ___
_____⁵ mucho y (divertirse)	_____¹¹ mucho pero ___ (divertirse)
___ _____⁶ muy tarde. (acostarse)	_____¹² temprano. (acostarse)

D. Diga qué actividades hicieron las siguientes personas el fin de semana pasado; incluya por lo menos dos actividades para cada persona o grupo: mi hermano/a, mi mejor amigo/a, mis padres/hijos, mis amigos y yo, mi padre y yo, mi profesor(a) de español, el presidente de los Estados Unidos, mi esposo/a (novio/a) y yo.

MODELOS: Mi hijo y yo → *Trabajamos en el jardín y después exploramos el Internet.*

Mi papá → *Mi papá jugó al golf con un amigo y por la noche fue al cine con mi mamá.*

1. _____
2. _____
3. _____
4. _____
5. _____
6. _____
7. _____
8. _____

E. Supongamos que usted y su esposo/a tuvieron que viajar fuera de la ciudad. Su hijo de dieciséis años se quedó solo en casa. Son las diez de la noche y usted está preocupado/a. Lo llama por teléfono y le hace muchas preguntas. Hágale seis o siete preguntas a su hijo para saber qué hizo todo el día; si asistió a la escuela, si hizo su tarea, etcétera. Use verbos como **almorzar, asistir, estudiar, hacer, ir a trabajar, practicar, tender la cama** y **sacar la basura.**

MODELO: *¿Llegaste a tiempo a la escuela?*

F. Mire los dibujos y escriba una narración de un párrafo sobre lo que hicieron Esteban y Raúl durante sus últimas vacaciones, las vacaciones de Semana Santa.

✳ Hablando del pasado

Lea Gramática 7.5.

G. ¿Cuánto tiempo hace que usted…

1. se graduó en la escuela secundaria?

    _____

2. conoció a su profesor(a) de español?

    _____

3. limpió su casa/cuarto?

    _____

4. fue al cine con su novio/a?

    _____

5. se divirtió mucho con sus amigos?

    _____

H. Piense en sus compañeros de clase. ¿Qué actividades hicieron ellos?

> MODELO: hace diez días (que) → *Elena fue a visitar a sus padres hace diez días.* o
> *Hace diez días que Elena fue a visitar a sus padres.*

1. hace dos días (que)/

    _____

2. hace tres años (que)/

    _____

3. hace diez años (que)/

    _____

4. hace treinta segundos (que)/

    _____

5. hace una semana (que)/

    _____

I. Complete los párrafos con la forma correcta de los verbos entre paréntesis.

1. Colón _____ (llegar) a América en 1492, hace más de 500 años. El primer

    lugar que _____ (ver) _____ (ser) Guanahaní, una hermosa isla. Allí él y sus

    compañeros _____ (encontrar) a muchos indígenas pacíficos y amables pero

    muy tímidos.

2. Hace más o menos doscientos veinte años que los Estados Unidos _____

    (declarar) su independencia de Inglaterra. El primer presidente de este país _____ (ser) George Washington. El país _____ (empezar) con trece colonias y ahora

tiene cincuenta estados. En 1861, hace aproximadamente ciento cuarenta años,

_____ (empezar) la Guerra Civil entre el Norte y el Sur. Esta guerra

destructiva _____ (terminar) en 1865.

3. México _____ (declarar) su independencia de España hace más o menos

ciento noventa y dos años, en 1810. En 1822, cuando _____ (terminar) la

guerra de independencia, Agustín de Iturbide se proclamó emperador, con el nombre de

Agustín I. _____ (ser) emperador solamente de 1822 a 1823. Durante los años de la

Guerra Civil de los Estados Unidos, México _____ (tener) otro emperador, el

emperador Maximiliano de Austria. Maximiliano _____ (ser) emperador de México de

1864 a 1867. En 1867 _____ (regresar) el presidente Benito Juárez del exilio.

J. Piense en el fin de semana pasado. Escriba lo que usted hizo y el lugar donde hizo esas actividades. Escriba uno o dos párrafos en una hoja de papel aparte.

MODELO: *Visité a mi hermano/a y jugué con mis sobrinos en el parque. Luego…*

Resumen cultural

Complete con la información cultural del **Capítulo 7.**

1. ¿Dónde estudió el artista Guillermo Alio? _____

2. ¿Qué son los Pirineos? _____

   ¿En qué parte de España están? _____

3. ¿De qué ciudad peruana sale el tren para las ruinas de Machu Picchu? _____

4. ¿Qué es el Camino Inca? _____

   _____

5. ¿Cómo se llaman los indígenas de Paraguay? _____

   Y, ¿cuál es el grupo de indígenas más grande de los Andes? _____

6. ¿Cómo se llama la represa (*dam*) más grande del mundo? ¿En qué país está?

   _____

7. ¿Cuál es otra palabra que usamos para nombrar el idioma español? _____

8. ¿Qué expresión se puede usar para decir que es mejor viajar solo que con un compañero

   desagradable? _____

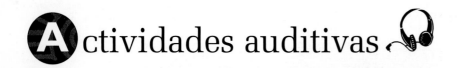Actividades auditivas

✳ Para empezar

A. La Compañía Reparatodo

Y ahora un anuncio comercial en KSUN, Radio Sol.

¿Sí o no? La Compañía Reparatodo…

1. _____ repara los aparatos eléctricos.

2. _____ hace las reparaciones en su casa.

3. _____ trae comida a su casa.

4. _____ saca la basura después de hacer las reparaciones.

5. _____ limpia el baño de su casa.

6. _____ barre el piso y pasa la aspiradora.

7. _____ repara estufas y hornos de microondas.

B. El vecindario de Guillermo

Ahora Guillermo Saucedo, el hijo de Ernesto y Estela, lee una composición en su clase de lenguaje y escritura.

¿Qué cosas de su vecindario le gustan a Guillermo (**G**) y cuáles no le gustan (**NG**)?

1. _____ el cine

2. _____ el mercado

3. _____ jugar al fútbol

4. _____ ver películas cómicas con la familia

5. _____ ir de compras con su mamá

6. _____ el centro de videojuegos

7. _____ jugar «El mundo atómico»

✳ Mis experiencias

C. ¡Otra fiesta!

VOCABULARIO ÚTIL

la libertad   *freedom*
extraño   *I miss*
los chistes   *jokes*
abrazos   *hugs*

Raúl Saucedo está en la Ciudad de México para pasar las vacaciones de Semana Santa con su familia. En este momento llama por teléfono a su abuela para saludarla.

Complete correctamente las oraciones según el diálogo. Éstos son los verbos que necesita: **bailó, dijo** (use dos veces), **fue, llamó, pasó, salió** y **volvió.**

1. La abuela _____ a una fiesta anoche y _____ mucho.

2. Raúl _____ varias veces a su abuela ayer.

3. La abuela _____ de su casa a las 7:00 de la noche y

   _____ a las 5:00 de la mañana.

4. Después de la fiesta, la abuela _____ media hora charlando con don

   Enrique.

5. Raúl _____: —Abuela, ¡cuánto extraño sus chistes!

6. La abuela _____: —Entonces, tienes que venir a verme.

D. ¡Qué fin de semana!

VOCABULARIO ÚTIL

arruinó   *she ruined*
¡Pobre de ti!   *You poor thing!*
tal vez esté celoso   *maybe he's jealous*

Es un domingo en la noche. Amanda está hablando por teléfono con su amiga Graciela.

Escoja la mejor respuesta. **¡CUIDADO!** A veces hay más de una respuesta correcta.

1. Amanda está enojada con Guillermo porque…

   a. usó su bicicleta.

   b. gastó su dinero.

   c. usó todo su champú.

   d. llegó tarde de la escuela.

2. Otros problemas de Amanda son que…

   a. no pudo lavarse el pelo.

   b. el gato le arruinó el vestido.

   c. su novio no llegó.

   d. no recibió flores de su novio.

3. Diego…

   a. le escribió una carta a Amanda.

   b. a veces llama a Amanda.

   c. lavó el coche de Amanda.

   d. invitó a Amanda a comer en un restaurante.

4. Probablemente Ramón…

   a. es gordo.

   b. está celoso.

   c. es tímido.

   d. no tiene ganas de ir al cine.

✳ Las experiencias con los demás

E. Estela necesita un médico

VOCABULARIO ÚTIL

el desastre   *disaster*
el día libre   *day off*
tampoco   *neither*
pelear   *to fight*
tumbaron   *they knocked down*

Estela Saucedo fue a Oaxaca para visitar a una amiga enferma.
Pasó tres días con su amiga y regresó a su casa hoy, domingo,
por la mañana. Poco después de llegar, Estela entró en la cocina
con su esposo y sus niños…

¿Cuál es la escena verdadera?

1. _____ El jueves en la noche.

2. _____ El viernes por la mañana.

3. _____ El viernes en la tarde.

4. _____ También el viernes en la tarde.

5. _____ El domingo en la mañana.

✳ Hablando del pasado

F. Noticias del mundo hispano

VOCABULARIO ÚTIL

las noticias   *news*
la Feria Hispana del Libro   *Hispanic Book Fair*
el huracán   *hurricane*
los heridos   *wounded (people)*

los muertos   *casualties*
la campaña   *campaign*
el gobierno   *government*
el narcotráfico   *drug dealing*

Y ahora en KSUN, Radio Sol, un segmento especial de noticias del mundo.

¿Dónde ocurrieron los siguientes eventos, en Miami (**M**), San Juan (**S**) o en Bogotá (**B**)?

1. _____ Hubo un huracán y hubo heridos.

2. _____ Varios escritores participaron en la Feria Hispana del Libro.

3. —— Muchas casas y edificios fueron destruidos.

4. —— Comenzó una campaña del gobierno para combatir el tráfico de drogas.

5. —— Hubo muchos otros eventos culturales.

G. La familia de Armando

VOCABULARIO ÚTIL

eran   *they were*
allegada   *close, near*

Países mencionados

Japón   *Japan*
Perú   *Peru*

Armando González es el hijo mayor de Susana Yamasaki; tiene trece años. Armando necesita escribir una composición sobre su familia, que es de origen japonés, y decide entrevistar a su mamá.

❖   ❖   ❖

Complete la información que falta en la composición de Armando.

Mi familia

Mi mamá nació el _____.¹ Nació
hace _____² así que tiene _____³ años. Mis
abuelos llegaron de Japón hace más o menos _____.⁴
Regresaron a Japón una vez a _____,⁵ hace nueve años.
Les gusta mucho Japón pero aquí _____.⁶ Mi
mamá nunca ha visitado Japón pero algún día
_____⁷ y yo quiero ir con ella.

✳ ¡A repasar!

H. El toque perfecto

VOCABULARIO ÚTIL

el toque   *touch*
te perdiste   *you missed*
¡No me cuentes!   *Don't tell me about it!*
Lo pasamos muy bien   *We had a very good time*
el arroz con pollo   *chicken and rice (typical Caribbean dish)*
la arena   *sand*

Hoy, lunes, Carla Espinosa y Rogelio Varela conversan
en la universidad después de una clase.

¿Cierto (**C**) o falso (**F**)? Si la oración es falsa, haga la corrección necesaria.

1. ——— Rogelio se divirtió en la playa el sábado.

2. ——— Carla llamó a Rogelio pero nadie contestó el teléfono.

3. ——— En la playa Carla y sus amigos tomaron el sol, cantaron, nadaron mucho y jugaron al fútbol.

4. ——— Arturo sabe cocinar porque aprendió de su madre.

5. ——— Rogelio durmió una larga siesta en la biblioteca.

Pronunciación y ortografía

✳ **Ejercicios de pronunciación**

I. PRONUNCIACIÓN: **z, ce, ci**

Most Spanish speakers pronounce the letter **z** and the letter **c** before **e** and **i** exactly as they pronounce the letter **s**.

A. Listen and pronounce the following words. Avoid any use of the sound of the English *z*.

> cabe<u>z</u>a, bra<u>z</u>os, lu<u>z</u>, a<u>z</u>ul, <u>z</u>apatos, ti<u>z</u>a, die<u>z</u>, tre<u>c</u>e, edifi<u>c</u>io, independen<u>c</u>ia, re<u>c</u>ep<u>c</u>ionista

In some areas of Spain, the letter **z** and the letter **c** before **e** and **i** are distinguished from the letter **s** by pronouncing **z** and **c** with a sound similar to the English sound for the letters *th* in *thin* and *thick*.

B. Listen to a speaker from Spain pronounce these words.

> cabe<u>z</u>a, bra<u>z</u>os, lu<u>z</u>, a<u>z</u>ul, <u>z</u>apatos, ti<u>z</u>a, die<u>z</u>, tre<u>c</u>e, edifi<u>c</u>io, independen<u>c</u>ia, re<u>c</u>ep<u>c</u>ionista

II. PRONUNCIACIÓN: **l**

In Spanish the letter **l** is pronounced almost the same as the English *l* in *leaf*, but it is not at all similar to the American English *l* at the end of *call*.

A. Listen and pronounce the following words. Concentrate on the correct pronunciation of the letter **l**.

> co<u>l</u>or, fútbo<u>l</u>, tradiciona<u>l</u>, españo<u>l</u>, <u>l</u>entes, abri<u>l</u>, hospita<u>l</u>, fáci<u>l</u>, aque<u>l</u>, pape<u>l</u>es

B. Listen and pronounce the following sentences. Pay special attention to the correct pronunciation of the letter **l**.

1. ¿Vas a ir al hospital a ver a Miguel?
2. Mi automóvil está al lado de aquel edificio.
3. En abril no hace mal tiempo aquí.
4. ¿Cuál es tu clase favorita, la de español?
5. ¿Quieres comprar papel azul o blanco?
6. Este edificio es muy moderno; aquél es más tradicional.

✳ Ejercicios de ortografía

I. THE LETTERS s AND z; THE COMBINATIONS ce AND ci

The letters **s, z,** and the letter **c** before the letters **e** and **i** are pronounced identically by most speakers of Spanish. When writing, it is necessary to know which of these letters to use.

A. Practice writing the words you hear with the letter **s.**

1. _____
2. _____
3. _____
4. _____
5. _____

B. Practice writing the words you hear with the letter **z.**

1. _____
2. _____
3. _____
4. _____
5. _____

C. Practice writing the words you hear with the letter **c.**

1. _____
2. _____
3. _____
4. _____
5. _____

II. STRESS ON PRETERITE VERB FORMS

Two of the regular preterite verb forms (the **yo** form and the **usted, él/ella** form) carry a written accent mark on the last letter. The accent mark is needed because these forms end in a stressed vowel.

A. Listen to the following preterite verbs and write each correctly with an accent mark.

1. _____   6. _____
2. _____   7. _____
3. _____   8. _____
4. _____   9. _____
5. _____   10. _____

None of the forms of preterite verbs with irregular stems are stressed on the last syllable and consequently they are not written with an accent mark.

B. Listen and write the following preterite verbs.

1. _____   5. _____

2. _____   6. _____

3. _____   7. _____

4. _____

III. ORTHOGRAPHIC CHANGES IN THE PRETERITE

Some verbs have a spelling change in certain preterite forms.

In verbs that end in **-car, c** changes to **qu** in the preterite forms that end in **-e** in order to maintain the **k** sound of the infinitive. Common verbs in which this change occurs are **sacar** (*to take out*), **buscar** (*to look for*), **tocar** (*to touch; to play an instrument*), **comunicar** (*to communicate*), **explicar** (*to explain*), and **secar** (*to dry*). Compare these verb forms:

yo sa**qué**	yo bus**qué**	yo to**qué**	yo se**qué**
él sacó	él buscó	él tocó	él secó

In verbs that end in **-gar, g** changes to **gu** in the preterite forms that end in **-e** in order to maintain the **g** sound of the infinitive. Common verbs in which this change occurs are **entregar** (*to hand in*), **jugar** (*to play*), **llegar** (*to arrive*), **navegar** (*to sail*), **obligar** (*to oblige*), **pagar** (*to pay*), **apagar** (*to turn off*), and **regar** (*to water* [*plants*]). Compare these verb forms:

yo pa**gué**	yo ju**gué**	yo lle**gué**	yo obli**gué**
él pagó	él jugó	él llegó	él obligó

In verbs that end in **-zar, z** changes to **c** before **e.** Common verbs in which this change occurs are **abrazar** (*to embrace*), **almorzar** (*to have lunch*), **comenzar** (*to begin*), **cruzar** (*to cross*), **empezar** (*to begin*), **rechazar** (*to reject*), and **rezar** (*to pray*). Compare these forms:

yo cru**cé**	yo almor**cé**	yo empe**cé**	yo comen**cé**
él cruzó	él almorzó	él empezó	él comenzó

Note that in the verb **hacer,** the **c** changes to **z** before **o** in order to maintain the same sound as in the infinitive.

yo hi**ce**   él hi**zo**

In verbs that end in **-uir** (but not **-guir**), **i** changes to **y** whenever it is unstressed and between vowels. Common verbs in which this change occurs are **concluir** (*to conclude*), **construir** (*to construct*), **destruir** (*to destroy*), **distribuir** (*to distribute*), **huir** (*to flee*), and **incluir** (*to include*). Compare these verb forms:

yo	construí	concluí	distribuí
él	constru**y**ó	conclu**y**ó	distribu**y**ó
ellos	constru**y**eron	conclu**y**eron	distribu**y**eron

Note the same change in the verbs **caer, creer,** and **leer.**

yo	caí	creí	leí
él	ca**y**ó	cre**y**ó	le**y**ó
ellos	ca**y**eron	cre**y**eron	le**y**eron

A. Listen to the sentences and write them correctly. Pay close attention to the spelling of preterite verbs and to the correct use of accent marks.

1. _____
2. _____
3. _____
4. _____
5. _____
6. _____
7. _____
8. _____
9. _____
10. _____

B. Now listen to a mixture of preterite verbs and write them correctly using a written accent when needed.

1. _____   9. _____
2. _____   10. _____
3. _____   11. _____
4. _____   12. _____
5. _____   13. _____
6. _____   14. _____
7. _____   15. _____
8. _____

ideoteca

VOCABULARIO ÚTIL

listo/a   *ready*
el desastre   *disaster*
me enojé   *I go angry*
¿Te peleaste con... ?   *Did you have a fight with . . . ?*
¿Rompiste con él?   *Did you break up with him?*
¿de qué te ríes?   *what are you laughing about?*
la historia   *story*
se puso rojo   *he turned red*
cumplir años   *to have a birthday*
la sorpresa   *surprise*
paloma de porcelana   *a china dove*
¡Qué vergüenza!   *How embarrassing!*

Sinopsis

Paloma y José Miguel hablan del fin de semana pasado. Paloma le cuenta a José Miguel una experiencia desagradable que tuvo. Ella quería salir con su novio, Gustavo, pero él le dijo que tenía que estudiar. Más tarde ese mismo día, Paloma vio a Gustavo con otra chica.

Primero lea estas preguntas y luego vea el video para contestarlas.

A. ¿Cierto (**C**) o falso (**F**)?

1. —— Paloma tiene examen mañana.

2. —— José Miguel salió con sus amigos el fin de semana pasado.

3. —— Paloma salió a hacer las compras el sábado.

4. —— Gustavo llamó a Paloma para invitarla a estudiar.

5. —— Margarita es la prima de Paloma.

6. —— Paloma se enojó con Gustavo porque salió con Margarita.

7. —— Gustavo y Margarita le compraron un disco compacto a Paloma.

8. —— José Miguel y Paloma comen en el restaurante porque hoy es el cumpleaños de ella.

B. Ponga el día desastroso de Paloma en orden del 1 al 8.

—— Gustavo abrió la puerta cuando ella tocó.

—— Paloma vio a Gustavo con Margarita.

—— Paloma tocó a la puerta de Gustavo.

—— Gustavo y Margarita caminaron a casa de Gustavo.

—— Paloma llamó a Gustavo.

—— Gustavo y Margarita le explicaron la situación a Paloma.

—— Paloma decidió ir al cine sola.

—— Gustavo y Margarita entraron en una tienda.

C. Complete cada oración con la frase lógica.

vio a Gustavo	se enojó	se puso rojo
durmió y estudió	salir de un restaurante	entrar en una tienda
fue un desastre	regresar a casa	fue más interesante que el suyo
un reloj de oro	ir al cine	una paloma de porcelana
estudió en la biblioteca	salió con otra chica	

1. José Miguel no hizo mucho durante el fin de semana; ——————————.

2. Por la tarde Paloma decidió ——————————.

3. Después de ver la película, Paloma —————————— con una chica.

4. Paloma siguió a Gustavo y a Margarita y los vio ——————————.

5. Paloma se enojó porque creía que Gustavo ——————————.

6. Paloma tocó a la puerta de Gustavo. Cuando él abrió ——————————.

7. Gustavo y Margarita le compraron a Paloma ——————————.

Lecturas

LECTURA ## Los amigos hispanos:
Una fiesta sorpresa (Parte I)

VOCABULARIO ÚTIL

modestia aparte *modesty aside*
encontrarnos *to meet*
escondidos *hiding*
chévere *cool, fun (coll. Caribbean)*
estaba/estaban *was/were*
envuelto *wrapped*
ahí mismo *right there and then*
agradecido *grateful*

Carla Espinosa, una estudiante puertorriqueña, cuenta aquí una experiencia muy divertida que tuvo anoche con varios de sus amigos.

Anoche hubo una fiesta estupenda en casa de mi amigo Rogelio Varela. Las fiestas que tenemos mis amigos y yo son siempre muy buenas —modestia aparte—, con mucha música y baile. Pero ésta tuvo un tema especial: el cumpleaños de Rogelio. ¡Estoy segura que Rogelio nunca va a olvidar la sorpresa que le dimos!

Las cosas ocurrieron más o menos de la siguiente manera...

Llamé a Rogelio por la mañana para invitarlo al cine. Decidimos encontrarnos por la noche en su casa, a las siete. El plan era salir yo con él para darles a nuestros amigos la oportunidad de entrar al apartamento de Rogelio, y así esperarlo escondidos. Pero ese plan cambió un poco. Resultó mucho más chévere.

Llegué a la casa de Rogelio temprano y él no estaba listo.

—¡Espérame unos quince minutos! —me dijo, y se metió a la ducha.

Yo entonces llamé por teléfono a nuestros amigos, los «cómplices». Todos estaban en casa de mi novio Arturo, en el mismo barrio donde vive Rogelio. Llegaron rápidamente y fuimos al baño. Tocamos varias veces a la puerta. Segundos después salió Rogelio envuelto con una toalla. Y ahí mismo le gritamos: ¡SORPRESA!

Pobre Rogelio. Nunca vi a nadie tan sorprendido en mi vida. Estaba rojo como un tomate. No dijo ni una palabra. Cerró la puerta del baño y un rato más tarde apareció vestido y listo para divertirse. ¡Y cómo nos divertimos!

Cuando nos despedimos, mucho más tarde, Rogelio me dijo que estaba muy agradecido por la fiesta. Riéndome, le describí su cara cuando salió del baño y nos vio a todos frente a él... ¡Sorpresa, cara de tomate!

Comprensión

Marque el orden correcto con números del 1 al 8.

———— Carla llegó temprano a casa de Rogelio.

———— Carla llamó a Rogelio para invitarlo al cine.

———— Rogelio entró al baño.

———— Los «cómplices» llegaron.

———— Carla llamó a todos los amigos.

———— Rogelio salió del baño.

———— Todos se divirtieron en la fiesta sorpresa.

———— Rogelio dijo: «Espérame unos quince minutos.»

Ahora... ¡usted!

1. ¿Le gustan las fiestas? ¿Qué le gusta hacer normalmente en las fiestas? ¿Qué debe tener una fiesta ideal para usted? ¿música? ¿baile? ¿conversación?

   _____

   _____

2. Describa la mejor fiesta de su vida. ¿Cuándo fue? ¿Dónde? ¿Por qué fue tan buena?

   _____

   _____

✏️ Un paso más... ¡a escribir!

Imagínese que usted organizó una fiesta sorpresa para un amigo / una amiga. Escriba una composición de dos o tres párrafos describiendo todo lo que hizo. ¿Para quién fue la fiesta? ¿Cómo reaccionó esa persona? ¿Quiénes participaron? ¡Haga una narración detallada!

LECTURA Los amigos hispanos: Una fiesta sorpresa (Parte II)

VOCABULARIO ÚTIL

¡Te acordaste!   *You remembered!*
la tanda   *show*
aumentaron   *got stronger*
Yo no podía creerlo   *I couldn't believe it*
sujetando   *holding*
se me acercó   *he approached me*
¿cómo te atreves?   *how dare you?*
¡Inolvidable!   *Unforgettable!*

Cada historia tiene varias perspectivas. Ahora Rogelio presenta su versión de la fiesta sorpresa. Vamos a ver cuál es su opinión...

Mi amiga Carla me llamó ayer por la mañana muy temprano. Era sábado y, la verdad, me molestó un poco la llamada. Me gusta dormir hasta tarde los fines de semana.

—Carla, hoy es sábado. ¿Por qué me despiertas tan temprano? —le dije.

—¡Porque hoy es tu cumpleaños, chico! —respondió ella.

—Qué buena amiga eres —reaccioné—. ¡Te acordaste, Carla!

—Por supuesto que sí —dijo ella, riéndose—. Hoy es una fecha muy importante.

Carla me habló entonces de una nueva película española, y me invitó a verla con ella. Confieso que me sorprendió la invitación, pues mi amiga tiene novio...

—Sí, Carla, me gustaría ir al cine contigo —le dije—. Pero... ¿y tu novio Arturo? ¿Él es muy tradicional, ¿no?

—¿Mi novio? Ah, sí —comentó Carla—. Bueno, él sabe que tú y yo somos buenos amigos. Además, yo quiero ver esta película y Arturo no quiere ir conmigo; a él sólo le gustan las películas de Hollywood con mucha acción y efectos especiales.

Decidimos encontrarnos esa noche a las siete en mi apartamento. El plan era ir a la tanda de las ocho y luego cenar algo y tomarnos un café. Carla llegó a las seis y yo no estaba listo. Le serví un refresco y le puse el nuevo compacto de Marc Anthony,[1] su cantante favorito.

—Tengo que ducharme y vestirme —le dije.

—Sí, hombre —reaccionó ella—. ¡Debes ponerte tan elegante como yo!

—Estás en tu casa, Carla —comenté finalmente. Ella se sentó a escuchar música.

Me metí a la ducha. Después de unos minutos alguien tocó a la puerta del baño con golpes fuertes que aumentaron gradualmente. Salí de la bañera y me cubrí con una toalla...

—¿Qué pasa, Carla? ¿Por qué tanto ruido? —le pregunté, pero no contestó. Y los golpes continuaron. Por fin abrí la puerta…

—¡SORPRESA! —gritaron mis amigos—. ¡Feliz cumpleaños, Rogelio!

Todos estaban allí con regalos y alegría. Algunos me abrazaron, otros me dieron la mano. Yo no podía creerlo. Quedé tan sorprendido, sujetando fuertemente la toalla y sin poder decir una palabra. Entonces se me acercó Arturo con una cara muy seria.

—Oye, tú —me dijo—. Así que vas a ir al cine con Carla, ¿eh? Pero, ¡¿cómo te atreves a salir con mi novia?!

—Yo, pues, no, Arturo, la verdad es que… —contesté, nervioso. Y en ese momento escuché la risa de todos mis amigos, especialmente la de Carla y Arturo. Él me dio un fuerte abrazo.

Qué tremenda sorpresa, pensé. ¡Inolvidable!

Comprensión

¿Qué pasó el día de la fiesta, según Rogelio? **¡CUIDADO!** Más de una respuesta puede ser correcta.

1. Carla llamó a Rogelio para…

   a. invitarlo a cenar.

   b. felicitarlo por su cumpleaños.

   c. invitarlo al cine.

   d. conversar sobre sus clases.

2. Carla y Rogelio decidieron encontrarse…

   a. en casa de Carla, a las siete.

   b. en el cine, a las seis.

   c. en casa de Rogelio, a las siete.

   d. a las siete en el cine.

3. Cuando Carla llegó, Rogelio…

   a. salió con ella.

   b. le sirvió un refresco.

   c. llamó a sus amigos.

   d. se duchó.

4. Rogelio puso el último disco de…

   a. una cantante española.

   b. un grupo puertorriqueño de salsa.

   c. un cantante de canciones bailables.

   d. un músico de rock.

_____

[1] Cantante y compositor de Nueva York que se hizo famoso en los años noventa. Muchas de sus canciones son bailables, al estilo «salsa».

5. Rogelio salió de la ducha y después…

    a. escuchó la conversación de sus amigos.

    b. escuchó golpes en la puerta.

    c. encontró a todos sus amigos.

    d. todos sus amigos lo felicitaron.

Ahora… ¡usted!

¿Le dio alguien a usted una fiesta sorpresa alguna vez? ¿Cómo reaccionó? ¿Recibió regalos? ¿Qué hicieron en la fiesta? ¡Describa la experiencia!

_____

_____

Un paso más… ¡a escribir!

Usted tiene la responsabilidad de planear una fiesta sorpresa para su profesor(a). ¿Qué cosas necesita comprar para la fiesta? ¿Qué regalo sería perfecto para esta persona? ¿Qué tipo de música va a poner? Describa su plan en detalle en una composición de tres o cuatro párrafos.

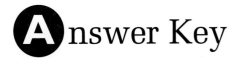# **A**nswer Key

▲ = *Answers may vary.*

PASO A

ACTIVIDADES ESCRITAS **A.** 1. Lean. 2. Bailen. 3. Escuchen. 4. Escriban. 5. Salten. 6. Canten.
B. *Read the directions carefully and write the corresponding names of your own classmates.* **C.** 2. Son unos
lentes. 3. Es un sombrero. 4. Son unas botas. 5. Es un abrigo. **D.** 1. Carmen no tiene el pelo
largo. 2. Mónica no es gorda. 3. Esteban no tiene bigote. 4. Nora no tiene barba. 5. Luis y Alberto
no son feos. **E.** 1. negro 2. blanco 3. verdes 4. amarillo 5, 6. moradas, verdes; rojas
7, 8, 9. roja, blanca y azul **F.** *You should write about your own clothing*: Mi falda es negra y larga. Mis
camisas son blancas y nuevas. **G.** 1. doce, 12 2. quince, 15 3. veinticuatro, 24 4. treinta y
cinco, 35 5. ocho, 8 **H.** 1. Cómo se llama 2. Me llamo 3. Mucho 4. Igualmente 5. usted
6. gracias 7. cansado **Repaso de palabras y expresiones útiles** 1. ¿Cómo se llama? 2. Muy;
gracias; ¿Y usted? 3. ¿Cómo... ?; Me llamo; Mucho gusto 4. Hasta luego **ACTIVIDADES AUDITIVAS**
A. 1. Pónganse de pie. 2. Caminen. 3. Corran. 4. Miren arriba. 5. Bailen. 6. Canten «Cielito
lindo». 7. Digan «¡hola!». 8. Siéntense. **B.** 1. Esteban 2. Nora 3. Mónica **C.** 1. Mónica
2. Esteban 3. Nora 4. Luis **D.** 1. C 2. C 3. F 4. F **E.** 1. cuatro 2. tres 3. seis
4. diez 5. uno **F.** 5, 9, 18, 26, 4, 15, 23, 20, 34 **G.** 1. C 2. F 3. C 4. F **H.** 1. ¡Hasta
mañana! 2. Adiós. 3. Hasta luego. 4. Hasta pronto. 5. Nos vemos 6. ¡Hasta la próxima!

PASO B

ACTIVIDADES ESCRITAS **A.** 1. estás; tú 2. está usted; usted 3. estás; usted **B.** *Your answers
should be original, but they should look like the* MODELO. *Remember to start with* **Hay** *(there is / there are).*
C. 1. cara, ojos, nariz, boca 2. cabeza, pelo, orejas 3. cuerpo, cabeza, cuello, brazos, manos, piernas,
pies **D.** *The structure of your descriptions should be similar to that of the* MODELO, *but the information
provided should be original (about your family members or your classmates).* **Repaso de palabras y frases
útiles** 1. gracias 2. ¿Cuánto cuesta? 3. tímido 4. divertida 5. perezoso 6. trabajador
ACTIVIDADES AUDITIVAS **A.** 1. usted 2. tú 3. tú 4. usted **B.** 1. R 2. E 3. LD 4. R
C. 1. No 2. Sí 3. Sí 4. No 5. Sí 6. No 7. Sí 8. Sí 9. Sí 10. Sí 11. No 12. No **D.** 38,
11, 14, 26, 15 **E.** 1. los hombros 2. la boca 3. las manos 4. las piernas 5. la cabeza 6. los
pies 7. el brazo 8. el estómago 9. la nariz 10. el cuello **F.** 1. F 2. C 3. F 4. C
G. 1. d, g 2. a, c 3. e, f **H.** 1. $59.00 2. pequeña 3. $69.50 4. largo 5. elegante
PRONUNCIACIÓN Y ORTOGRAFÍA **Ejercicios de ortografía** 1. ¿Cómo? 2. ¿Qué? 3. ¿Quién?
4. ¿Cuántos? 5. ¿Cuál?

PASO C

ACTIVIDADES ESCRITAS **A.** *You should include the names of the members of your family. Items 7 and 8 are
about you.* **B.** *Answers should be original.* **C.** 1. es de la profesora 2. es de Graciela 3. son de
Ernestito 4. es de Carmen 5. son de doña Lola 6. son de Pablo **D.** *Answers should be similar to
the* MODELO, *but information should be original.* **E.** ▲ 1. Su blusa es... 2. Su pelo es... 3. Sus ojos
son... 4. Sus pantalones son... 5. Su carro es... **F.** ▲ 1. Tengo... años. 2.–5. Tiene... años.
G. 1. setenta, 70 2. noventa, 90 3. ochenta, 80 4. cien, 100 **H.** 1. setenta y cinco 2. noventa
y ocho, noventa y ocho 3. ochenta y ocho, setenta y nueve 4. setenta y siete, noventa y cinco
5. cien **I.** 1. alemana, alemán, 2. egipcio, árabe 3. japonés, Japón 4. italiano, Italia
5. sudafricano, inglés 6. española, España 7. inglés 8. inglés, francés **J.** 1. Falso: La mujer que
tiene un Toyota habla tres idiomas, pero no es de Bogotá; es de Cuzco, Perú. 2. Cierto 3. Falso: El
hombre de México no habla inglés; habla español y francés. 4. Cierto 5. Falso: Susana tiene un coche

japonés y habla japonés también.　**Repaso de vocabulario y frases útiles**　1. ¡Cómo cambia el mundo!　2. Perdón　3. apellido, apellido　4. ¿De quién son... ?　**ACTIVIDADES AUDITIVAS**
A. Álvaro Ventura; Lisa Méndez de Ventura; Diana; Toni　**B.** Catalina: mamá; Marcos: sobrino; Francisco: hermano; Mario: hermano　**C.** 1. chaqueta negra es　2. bolsa amarilla es　3. suéter morado es　4. lentes de sol son　**D.** 1. 89　2. 57　3. 19　4. 72　5. 15　6. 60　7. 92　8. 8
E. 1. Alberto: 31　2. Nora: 25　3. Esteban: 19　4. la profesora Martínez: 30 y muchos
F. 1. alemana　2. Hugo　3. delgada, pelo negro, agradable; china　4. Brigitte; pelo rojo
5. mexicoamericana　6. Esteban; cómico　**G.** 1. C　2. F　3. F　4. C　**PRONUNCIACIÓN Y ORTOGRAFÍA**　**Ejercicios de ortografía**　**A.**　1. el niño　2. la niña　3. la señorita　4. el señor
5. compañera　**B.** 1. llama　2. amarillo　3. silla　4. ella　5. apellido　**C.** 1. chico
2. muchacha　3. escuchen　4. chaqueta　5. coche　**VIDEOTECA**　**A.** 1. C　2. C　3. F　4. C
5. C　6. C　7. F　8. C　**B.** 1. Antonio　2. Diego　3. Diego　4. Antonio　5. Diego
6. Antonio　7. Antonio　8. Diego　**C.** Tiene el pelo castaño, los ojos negros. Lleva una camisa azul, pantalones color café y zapatos de tenis. Habla español muy bien.

CAPÍTULO 1

ACTIVIDADES ESCRITAS　**A.**　1. Silvia nació el quince de abril de mil novecientos ochenta y uno.
2. Alberto nació el veintidós de diciembre de mil novecientos setenta y uno.　3. Pablo nació el once de diciembre de mil novecientos ochenta.　4. Mónica nació el diecinueve de agosto de mil novecientos ochenta y cuatro.　5. Esteban nació el cuatro de agosto de mil novecientos ochenta y tres.　**B.**　1. 1521
2. 1821　3. 1776　4. 2000　5. *the year you were born*　**C. ▲**　1. ¿Estudias español, Esteban?　2. Nora y Luis, ¿leen ustedes novelas?　3. ¿Vive usted en una casa, profesora?　4. Pablo, ¿comes en la cafetería?
5. ¿Canta usted en español, profesora Martínez?　6. Esteban, ¿escribes muchas cartas?　**D. ▲**　1. El nombre de esta chica es Silvia Alicia Bustamante Morelos. Tiene 21 años. Es de México y vive en el Paseo de la Reforma número 5064, apartamento 12, en la capital, México, D.F. Su número de teléfono es el 5-62-03-18. Es soltera y no tiene hijos.　2. *Your description should look like the MODELO and item 1, but it should have original information.*　**E.** *Your description should look like the MODELO but it should have original information.*　**F.**　1. Son las nueve en punto.　2. Son las ocho y cuarto (quince).　3. Son las diez menos trece.　4. Son las tres y media (treinta).　5. Son las once y veinte.　6. Son las doce en punto. (Es medianoche. Es mediodía.)　7. Es la una y cinco.　8. Son las cinco menos cuarto (quince).　9. Son las nueve menos dos. 10. Son las siete menos cinco.　**G.**　1. Es a las 13:05 o a la una y cinco de la tarde.　2. Es a las diez y media de la mañana.　3. Es a las 19:10 o a las siete y diez de la tarde.　4. Es a las 16:00 o a las cuatro de la tarde.　5. Es a las nueve y media de la mañana.　**H.**　1. caminar con los perros　2. jugar al básquetbol　3. correr en la playa　4. A Luis le gusta leer.　5. A Mónica le gusta ver partidos de béisbol en la televisión.　**I.**　1. te gusta, me gusta　2. les gusta, nos gusta　3. le gusta, me gusta　**J.** *Answers should be original. Use ideas from the list or your own ideas (¿ ?).*　**Repaso de palabras y frases útiles**　1. ¿Qué hora tiene?　2. no entendí　3. ¿Cómo se escribe... ?　4. por favor
5. ¡No lo creo!　6. Ya es tarde.　**Resumen cultural**　1. Casimiro González　2. el béisbol
3. Rigoberta Menchú; el Premio Nóbel de la Paz　4. la Sierra Nevada　5. Aranxta Sánchez Vicario; Conchita Martínez　6. básquetbol　7. Isabel Allende　8. Son las ocho y media de la noche.　9. Son las cuatro menos cuarto de la tarde.　10. el quiché　**ACTIVIDADES AUDITIVAS**　**A.** 1. Sí　2. Sí
3. No　4. No　5. No　6. Sí　7. Sí　8. Sí　**B.** 1. e　2. b, d　3. a, c　**C.** 1. el 23 de junio de 1983　2. el 22 de diciembre de 1971　3. el 4 de agosto de 1983　4. el 12 junio　**D.** 1. 2-55-50-25
2. 3-15-70-85　3. 5-55-31-42　4. calle, 235　**E.** 1. 8:30　2. 6:30　3. 9:30 4. 7:30　5. 8:50
F. 1. 6:50　2. 8:00　3. 9:30, 12:45　4. cada hora　**G.** 1. C　2. F　3. F　4. C　5. F
H. 1. LA　2. LU　3. PM　4. LA　5. PM　**I.** Carlos Medrano: romántica; rojo; 122, apartamento B; grande; Leti Valdés: rock; negro; 408, apartamento 2; mediana　**PRONUNCIACIÓN Y ORTOGRAFÍA**
Ejercicios de ortografía　1. borrador　2. hora　3. doctor　4. correcto　5. rojo　6. bailar　7. pizarra
8. perro　9. pero　10. nariz　**VIDEOTECA**　**A.** 1. F　2. F　3. C　4. C　5. F　6. C　7. F
8. C　**B.** 1. Camacho　2. El padre de Paloma　3. Van a ir a un partido de fútbol y luego van a salir a bailar.　4. el fútbol　5. sábados　6. Vallejo 16 C-2　7. 5-2-2-27-18　**LECTURAS**　**Nota cultural: Comprensión**　1. I　2. I　3. I　4. I　5. F　6. F　7. I　8. I　9. F　10. I　**Lectura: Comprensión**
I. F　2. F　3. F　4. F　5. C　6. F　7. C　8. C　**El mundo hispano: Comprensión**　I. C　2. C
3. F　4. C

CAPÍTULO 2

ACTIVIDADES ESCRITAS   **A.** *Your answers should look like the* MODELO, *but they should have original information.*   **B.** 1. voy a 2. vas a 3. van a 4. vas a 5. voy a   **C.** *Include your class schedule here: time and classes. Information should be original.*   **D.** *Read the prompt and include the corresponding classes. Information should be original.*   **E.** *Use the corresponding forms of* **querer** *plus an infinitive to express your wishes. Information should be original.*   **F.** *Answer very much like* MODELO *but with original information.*   **G.** *Decide which activities you enjoy during your free time and which ones you consider an obligation.*   **H.** 2. Es invierno. Quieren esquiar. 3. Hace buen tiempo. Quieren hacer un *picnic*. 4. Hace sol. (Hace calor.) Quieren tomar el sol y nadar. 5. Hace frío y llueve. Quieren tomar un taxi. 6. Hace calor y llueve. Quieren jugar en el agua.   **I.** *Complete the question with any weather you want, then answer it. Your answer should be original but look like the* MODELO.   **J.** *Write about what you like to do and where you like to go for at least two kinds of weather.*   **Repaso de palabras y frases útiles** 1. ¡Qué buena idea!, Ni pensarlo. 2. ¿Por qué? 3. Nos vemos. 4. ¿A qué hora... ?   **Resumen cultural** 1. la peseta 2. la primaria; la preparatoria 3. la plaza 4. Carmen Zapata 5. Ferderico García Lorca 6. Veracruz; Mérida 7. Chihuahua; Monterrey 8. el verano 9. Hace buen tiempo. 10. derecho, psicología, ciencias de la comunicación 11. arquitectura, diseño gráfico   **ACTIVIDADES AUDITIVAS**   **A.** 1. c, f 2. a, g 3. d, g 4. b, e   **B.** 1. Bartlett 2. 5-97-40-03   **C.** a. 2 b. 4 c. 1 d. 3   **D.** 1. F 2. C 3. F 4. F   **E.** MÓNICA los lunes, miércoles y viernes: química a las 9:00, matemáticas a las 11:00 y literatura inglesa a 1:00; todos los días: español a las ocho. PABLO los lunes, miércoles y viernes: historia a las 10:00 y matemáticas a las 12:00; todos los días: español a las ocho   **F.** 1. Sí 2. No 3. Sí 4. Sí 5. Sí 6. No 7. Sí 8. No   **G.** 1. N 2. N 3. R 4. R 5. N 6. R 7. N   **H.** 1. abrigo 2. suéter 3. traje de verano, sandalias 4. traje de verano, sandalias 5. abrigo, botas   **I.** 1. c, e, f 2. b, g 3. a, d   **PRONUNCIACIÓN Y ORTOGRAFÍA**   **Ejercicios de ortografía** 1. estómago 2. teléfono 3. cámara 4. artística 5. simpático 6. matemáticas 7. dólares 8. América 9. química 10. gramática 11. tímido 12. sábado 13. romántico 14. décimo 15. México   **VIDEOTECA**   **A.** 1. Sí 2. Sí 3. No 4. No 5. No 6. Sí 7. Sí 8. No 9. No 10. Sí 11. No 12. No   **B.** 1. busca 2. comprar 3. toman 4. bailar   **C.** un cuaderno, plumas, lápices, diccionario inglés-español   **LECTURAS**   **Nota cultural: Comprensión** 1. Falso: Los hispanos llevan el apellido del padre y el apellido de la madre. 2. Cierto 3. Cierto. 4. Cierto.   **Lectura: Comprensión** 1. C 2. F 3. C 4. F 5. C   **El mundo hispano: La gente: Comprensión** 1. leer 2. una vez por semana 3. novelas policíacas y de misterio y biografías

CAPÍTULO 3

ACTIVIDADES ESCRITAS   **A. ▲** 1. Voy a un restaurante / a casa. 2. Voy a una piscina / al mar. 3. Voy a la biblioteca / a casa. 4. Voy a la librería. 5. Voy a la papelería. 6. Voy a la playa.   **B.** 1. Están en la biblioteca. 2. Están en la iglesia. 3. Están en un museo. 4. Están en un hospital o una clínca. 5. Están en un almacén o en una tienda de ropa. 6. Están en un salón de clase. 7. Están en una discoteca.   **C. ▲** 1. vemos cuadros de pintores famosos 2. compramos zapatos, botas y sandalias 3. compramos ropa, cosas para la casa y más 4. nadamos, tomamos el sol y esquiamos en el agua 5. rezamos 6. estudiamos y leemos   **D.** *Answers should be original. All verbs should end in* **-o**.   **E.** *Answers should be original. All verbs should end in either* **-as** *or* **-es** *because you are addressing another student.*   **F.** *Your paragraph should look like the* MODELO *but with original information.*   **G.** 1. peruano 2. español 3. boliviana 4. ecuatoriana 5. colombiano 6. argentina 7. mexicano 8. costarricense   **H.** *Your paragraphs should look like the* MODELO *but with information about one of your friends.*   **I.** 1. La mujer está viendo una telenovela y llorando. Es normal. 2. El hombre está planchando una falda muy femenina. Es posible pero no es normal porque es un hombre muy masculino. 3. El pájaro está cantando. Es normal. A los pájaros les gusta cantar. 4. El gato está buceando. No es normal porque a los gatos no les gusta el agua. No les gusta nadar. 5. El hombre está leyendo poemas de amor. No es normal porque le gusta andar en motocicleta. 6. La profesora está fumando en clase. No es normal porque los profesores no fuman en clase.   **J.** *Answers should be original. They should start with a form of* **estar** (**estoy, estás, está, estamos, están**) *and a verb ending in* **-ando, -iendo,** *or* **-yendo**.   **Repaso de palabras y frases útiles** 1. ¡Cuidado... ! 2. De nada. 3. ¡Lo siento! 4. De acuerdo.   **Resumen cultural** 1. la Plaza Mayor 2. El Rastro, Madrid 3. Antoni

Gaudí   4. Edward James Olmos, *Stand and Deliver*   5. Americanos   6. Arizona, Colorado, Nuevo México, Texas   7. Florida y Nueva Jersey   8. 30.000.000   9. La iglesia de la Sagrada Familia, Barcelona   10. Los Ángeles   **ACTIVIDADES AUDITIVAS**   **A.** 1, 3, 5, 6   **B.** Buenos Aires: En enero hace calor, hace sol. En julio llueve y hace frío. México: En enero hace frío. En julio llueve.   **C.** 1. e 2. d 3. b 4. c   **D.** 1. enfrente de la plaza central   2. detrás del edificio de Ciencias   3. detrás de las canchas de tenis   4. al lado de la Facultad de Ciencias   5. enfrente del gimnasio   6. en la avenida Ximenes, enfrente del Centro Universitario   **E.** 1. de la familia   2. está en   3. va al   4. Voy, ir   5. vas a 6. a alquilar   **F.** 1. E 2. G 3. E 4. A 5. E 6. E 7. A   **G.** 1. Managua, Nicaragua   2. Madrid, España   3. Valparaíso, Chile   4. La Habana, Cuba   **H.** 1. 1810   2. está mirando   3. debajo   4. están leyendo   5. está pensando   **I.** 1. Carmen está en su casa. Está escribiendo.   2. Mónica está en el garaje; está practicando con Alberto.   3. Pablo está en el jardín; está conversando.   4. Luis y Lan están afuera; están hablando con Nora.   5. Nora está afuera; está pintando un cartel.   6. Esteban está en su casa; va a traer una pizza.   **PRONUNCIACIÓN Y ORTOGRAFÍA**   **Ejercicios de ortografía I.** 1. hablan   2. hombres   3. hola   4. hasta luego   5. hora   6. hermana   7. Honduras   8. hace buen tiempo   9. historia   10. hospital   **II.** 1. abuela   2. cabeza   3. nuevo   4. febrero   5. novio   6. abril   7. primavera   8. habla   9. llevo   10. libro   **III.** 1. suéter   2. lápiz   3. fácil   4. difícil   5. fútbol   **VIDEOTECA**   **A.** 1. F 2. F 3. C 4. F 5. F 6. C 7. C 8. F   **B.** 1. j 2. d 3. a 4. b 5. i 6. e 7. g 8. f 9. h 10. c   **LECTURAS**   **Nota cultural: Comprensión** 1. a 2. c 3. d 4. f 5. b 6. g 7. h 8. e   **Lectura: Comprensión** 1. D 2. D 3. PR 4. M 5. PR 6. M y A 7. M

CAPÍTULO 4

ACTIVIDADES ESCRITAS   **A.** *Answers should reflect what you like, prefer, or want to do on these holidays.*   **B.** *Describe what you plan to do on the next holiday. Use* **voy a** *+ infinitive (of the listed verbs) to express your plans, and add additional information to flesh out your description.*   **C.** 1. me despierto   2. me levanto   3. me baño   4. se levanta   5. prepara   6. desayunamos   7. sale   8. salgo   9. vuelvo   10. Duermo   11. hablo   **D.** *verbs only* **Yo:** me levanto; me ducho; desayuno; salgo; asisto; almuerzo; trabajo; estudio; vuelvo; juego; ceno; Me acuesto; duermo; **Él/ella:** se levanta; se ducha; desayuna; sale; asiste; almuerza; trabaja; estudia; vuelve; juega; cena; se acuesta; duerme   **E.** 1. ▲ Primero, se viste (se pone la ropa). Luego, recoge sus libros y sale para la universidad. Finalmente, llega a su clase de español.   2. Primero, Luis va al baño. Está cerrado, por eso pregunta «¿Quién está en el baño?» Su hermana contesta: «Yo.» Mientras espera, Luis se afeita. Finalmente, se ducha.   3. Primero, la profesora bebe café y lee el periódico. Luego, se lava los dientes. Después se maquilla y, finalmente, se pone perfume.   **F.** 1. ducharse, se seca   2. afeitarse, se lava los dientes   3. desayunar, lee   4. sale, ponerse   5. trabajar (hacer su trabajo), bebe (toma)   **G.** *Tell how you feel in each situation.* ▲ 1. Estoy ocupada/cansada.   2. estoy enojado/a   3. tengo miedo   4. estoy enamorada   5. Tengo prisa   **H.** *For each item, tell what you do when you feel that way.*   **Resumen cultural** 1. Las fiestas de San Fermín, los toros   2. el carnaval   3. disfraces, desfiles   4. José Martí   5. Colombia, Perú, Argentina, Venezuela   6. Guatemala   7. maya   8. el Día de los Reyes Magos   **ACTIVIDADES AUDITIVAS**   **A.** 1. martes, jueves 1:00–2:45   2. martes 8:30–10:00, miércoles 2:00–4:00   **B.** 1. 8:15   2. 11:20   3. 5:30   **C.** b, c, e, g, h   **D.** 1. c 2. b 3. c 4 a   **E.** 1. P 2. A 3. A 4. CC 5. P 6. P 7. A   **F.** a. 1 b. 8 c. 4 d. 7 e. 2 f. 6 g. 3 h. 5   **G.** 1. F 2. F 3. C 4. F 5. C   **H.** 1. C 2. F 3. F 4. C 5. C   **I.** 1. don Anselmo   2. don Eduardo   3. don Eduardo   4. su esposa   5. don Anselmo   6. don Anselmo   **PRONUNCIACIÓN Y ORTOGRAFÍA**   **Ejercicios de ortografía I.** 1. los ojos   2. geografía   3. joven   4. rojo   5. jugar   6. recoger   7. vieja   8. generalmente   9. anaranjado   10. bajo   11. gente   12. el traje   13. generosa   14. las hijas   15. jueves   **II.** 1. yo   2. silla   3. voy   4. llorar   5. hay   6. llegar   7. muy   8. playa   9. amarillo   10. llamar   11. apellido   12. mayo   13. llueve   14. hoy   15. estoy   16. calle   17. millón   18. leyendo   19. soy   20. caballo   **VIDEOTECA**   **A.** 1. C 2. F 3. F 4. C 5. F 6. C   **B.** 1. d 2. a 3. c 4. b   **C.** 1. Los niños quieren dar de comer a las palomas.   2. Lola y su madre hablan de una primera comunión anterior.   3. Recuerdan otros días festivos.   4. Manolo y su hermano se despiden (se dicen adiós).   5. Todos se van.   **LECTURAS**   **Lectura: Comprensión** 1. a la batalla de Puebla en 1862 y la victoria de los mexicanos contra los franceses   2. horchata, tostaditas, guacamole, mango con chile, limón   3. música, colores, banderas, piñata   4. Porque es el mes de mayo.

Se refiere a las vacaciones de verano.   **Los amigos hispanos: Comprensión**   1. G   2. LD   3. G   4. P   5. LD   6. G   7. P   8. G   9. P

CAPÍTULO 5

ACTIVIDADES ESCRITAS   A. 1. nos, le 2. le, le 3. nos, le 4. les, le 5. me, te, me
B. 2. comprendo, explica 3. terminar, empezar 4. escucho, dice 5. hago 6. comprenden, hacen preguntas 7. prepara/enseña 8. recoge 9. escribe, escribimos 10. aprendemos   **C.** *Write about what you do in your own Spanish class.*   **D.** *Your answers should look like the* MODELOS *but should contain original information.*   **E.** *Possible people: Kobe Bryant, Tiger Woods, Gloria Estefan, Conchita Martínez, Michelle Kwan, Picaboo Street, Sammy Sosa*   **F.** *Your answers should be original.*   **G.** 1. este, aquel 2. ese, esa 3. aquel, este 4. aquella, este, este 5. ese 6. esos, esos, aquellos   **H.** 1. médico 2. maestras 3. mecánico 4. peluquera 5. ingenieros 6. cajera 7. contadora 8. cantantes 9. mesero 10. trabajadores sociales   **I.** *Write about your full-time or part-time job. Include a description of it and whether or not you like it and why. Also describe your duties (**obligaciones**), as well as the positive and negative aspects of the job.*   **J.** *Fill in the note with your plans for your next birthday.*   **K.** *Write about your plans after graduation (retirement). Use different verbs to express your plans: **voy a, quiero, pienso, tengo ganas de, me gustaría, quisiera.***   **L.** ▲ 1. La profesora Martínez llega a su casa en su carro. Primero bebe café. Más tarde cena sola. Después tiene sueño. Le gustaría acostarse pero tiene que preparar su clase. 2. Primero la terapeuta le da masaje al paciente. Luego examina sus reflejos. Después ayuda al paciente a caminar. Finalmente, trae la silla de ruedas para el paciente. Al paciente le gustaría jugar/divertirse con ella (la silla). 3. Primero Esteban recoge los platos. Luego limpia la mesa. Después atiende a una clienta. Después le sirve café, pero le gustaría invitarla al cine. 4. Primero la doctora llega al hospital a las diez menos diez. Después habla con una enfermera. Luego examina a un niño y opera a un paciente. Pero le gustaría leer una novela y dormirse en el sofá. 5. Primero entra en el edificio de la Corte Suprema. Luego defiende a un criminal. Después habla/consulta con el juez. Finalmente el criminal le paga. El abogado está contento, pero quisiera jugar al fútbol con sus hijos.   **Resumen cultural** 1. Diego Rivera, David Alfaro Siqueiros, José Clemente Orozco 2. la tierra, el obrero, las costumbres, la historia mexicana y la Revolución Mexicana 3. Es un proyecto de repartir libros en las áreas más pobres como el barrio las Compañías al norte de Santiago. 4. *for example:* Argentina, Colombia, Costa Rica, Chile, Cuba, Ecuador, España, Paraguay, Puerto Rico, Uruguay, Venezuela 5. banana (plátano) 6. caña de azúcar 7. Guinea Ecuatorial 8. *for example:* jonrón, béisbol, básquetbol, suéter, Internet, sitio Web, formatear 9. *for example:* vista, sierra, rodeo, cigarro, lasso, patio, pueblo, rancho 10. *for example: tamale, barbecue, hurricane, potato, tomato, chocolate*   **ACTIVIDADES AUDITIVAS   A.** 1. N 2. N 3. N 4. Q 5. Q   **B.** d   **C.** 1. C 2. A 3. A 4. C 5. C 6. A 7. C   **D.** 1. c 2. d 3. a   **E.** 1. V 2. A 3. V 4. N 5. V 6. A   **F.** 1. L 2. C 3. C 4. L   **G.** 1. d 2. c 3. c 4. c 5. b   **H.** 1. F 2. C 3. F 4. C 5. C 6. F   **I.** 1. C 2. C 3. C 4. F 5. F 6. F   **J.** 1. e 2. c 3. d 4. f 5. b   **PRONUNCIACIÓN Y ORTOGRAFÍA   Ejercicios de ortografía   I.** 1. cara 2. ¿Cuánto cuesta? 3. poco 4. parque 5. ¿Qué es? 6. ¿Quién está aquí? 7. corto 8. chaqueta 9. cosa 10. aquí   **II. A.** 1. café 2. está 3. entendí 4. esquí 5. papá   **B.** 1. cafés 2. también 3. francés 4. alemán 5. dirección 6. profesión 7. japonés 8. televisión 9. perdón 10. jabón   **C.** 1. estación, estaciones 2. japonés, japonesa 3. definición, definiciones 4. opinión, opiniones 5. inglés, ingleses   **VIDEOTECA   A.** 1. F 2. C 3. C 4. F 5. F 6. F 7. C 8. F   **B.** 5, 2, 3, 4, 1   **C.** 1. bibliotecaria, peluquera, mecánica, recepcionista 2. vendedora, recepcionista, cajera 3. contestar el teléfono, hacer citas con los clientes, organizar los archivos, llevar las cuentas, pagar los gastos básicos 4. ser amable y paciente, aprender rápido, escribir a máquina, usar una computadora   **LECTURAS   Lectura: Comprensión** 1. f 2. e 3. d 4. a 5. c 6. g
Lectura: Comprensión 1. d 2. a 3. c 4. b 5. e

CAPÍTULO 6

ACTIVIDADES ESCRITAS   A. 1. ▲ El sofá es más grande que el sillón. El sillón es más grande que la mesita. El sofá es el más grande de los tres. / La mesita es más pequeña que el sillón. El sillón es más pequeño que el sofá. La mesita es la más pequeña de los tres. 2. El abuelo es mayor que el hombre. El hombre es mayor que el niño. El abuelo es el mayor de los tres. / El niño es menor que el hombre. El hombre es menor que el abuelo. El niño es el menor de los tres. 3. La casa es más cara que el carro. El

carro es más caro que la bicicleta. La casa es la más cara de los tres. / La bicicleta es más barata que el carro. El carro es más barato que la casa. La bicicleta es la más barata de los tres.   4. Amanda tiene tanto dinero como Graciela. Ernestito no tiene tanto dinero como Amanda y Graciela.   5. La casa de los Saucedo tiene tantas ventanas como la casa de los Silva. La casa de los Saucedo y la casa de los Silva no tienen tantas ventanas como la casa de los Ruiz.   6. El edificio Torres es tan moderno como el edificio Echeverría. El edificio Gonzaga no es tan moderno como el edificio Torres o el edificio Echevarría.
B. *Your answers should be original and should start with* **Es mejor** *or* **Es peor** *plus the appropriate statement and a reason, e.g.,* **Es mejor vivir en el centro porque hay muchos restaurantes y cines allí.**   **C.** *You will use verbs in the* **yo** *form:* **Un día típico, desayuno con... A veces limpio la casa con... o trabajo en el jardín... Otras veces juego con...** *Contents should be original.*   **D.** *You can either describe your house/apartment or your neighborhood. Contents should be original.*   **E.** *Combine a phrase from each column to make logical sentences about the obligations in your own household.*   **F.** *Decide how often the chores listed have to be done. Use* **Hay que** *or* **Es necesario** *plus the chore and a word or phrase to indicate the frequency.*   **G.** *Describe your obligations at home. Answer the questions to create an original paragraph.*   **H.**   1. Ernestito sacó la basura. 2. Lobo jugó con un gato.   3. Amanda tendió la cama.   4. Ernesto habló por teléfono por una hora. 5. Estela regó las plantas.   6. Guillermo cortó el césped.   **I.** *Provide original answers about what you did on your last birthday. Remember that the first-person* **(yo)** *form of regular verbs ending in* **-ar** *should end in* **-é** *(hablé, estudié, caminé) and those of* **-er** *and* **-ir** *regular verbs should end in* **-í** *(comí, leí, escribí, abrí).*
J.   1. Sabes, sé   2. conoce, conozco, conocen   3. sabes, conozco   4. sé, conozco   5. sabes, sé, sé 6. conoces, conozco   7. sabe, sé, sé   8. Conocen, sabemos   **K.**   1. lo   2. los   3. los, los   4. los, los 5. las   **L.** *The dialogue should be original. See textbook (pp. 226-227) for ideas.*   **Resumen cultural** 1. Es inspirado por los paisajes y colores de las montañas.   2. al parque/a la plaza   3. Una zona mixta tiene residencias y tiendas y oficinas en la misma área.   4. Alajuela, porque hay muchos árboles de mangos en el Parque Central de esa ciudad.   5. del 16 al 24 de diciembre   6. Los niños van de casa en casa, llevan velas y cantan. Finalmente, entran en una casa y allí les sirven dulces y a veces hay una piñata.   7. San Juan (el Viejo San Juan), Santo Domingo (la ciudad colonial de Santo Domingo), Quito (Quito colonial)   **ACTIVIDADES AUDITIVAS**   **A.**   1. E   2. B   3. E   4. E   5. B   **B.**   1. R   2. R 3. P   4. P   5. P   **C.**   1. c   2. b   3. a   4. d   5. c   **D.**   1. alquiler   2. condominios 3. dormitorios   4. sala   5. cocina   6. 700   **E.**   1. Limpiamos   2. sacudimos los muebles 3. Barremos   4. limpiamos dos baños   5. 95   6. quehaceres domésticos   **F.**   1. R   2. R   3. A 4. R   5. A   **G.**   1. C   2. C   3. C   4. C   5. C   6. F   **H.**   1. b, c, f   2. d   3. a   4. e   5. f 6. b   7. b   8. f   **I.**   1. habla español   2. en casa   3. Nueva York, Buenos Aires   4. la familia de Luis   5. sentarse y comer (algo con él)   6. la universidad   **PRONUNCIACIÓN Y ORTOGRAFÍA** **Ejercicios de ortografía**   **I.**   1. portugués   2. hamburguesa   3. guitarra   4. Guillermo   **II.** 1. economía   2. cafetería   3. zapatería   4. geografía   5. librería   6. día   7. sociología   8. biología **VIDEOTECA**   **A.**   1. F   2. C   3. C   4. C   5. F   6. F   7. C   8. F   **B.**   1. tía Matilde   2. Juan 3. Antonio   4. Diego   5. mesita de noche, estante, cama, armario (*closet*)   **C.**   1. D   2. M   3. A 4. M   5. D   6. A   **LECTURAS**   **Lectura: Comprensión**   1. g   2. d   3. b   4. g   5. f   6. d, e 7. c   8. a, b   9. c, d, e   10. c   11. h   12. a, d, e   **El mundo hispano: Comprensión**   1. b   2. c   3. a   4. d

CAPÍTULO 7

ACTIVIDADES ESCRITAS   **A.** ▲   1. No, ya estudié ayer.   2. No, ya la vi anoche.   3. No, ya los visité el mes pasado.   4. No, ya hice ejercicio contigo la semana pasada.   5. No, ya fui de compras el fin de semana pasado.   **B.**   1. fue   2. Me levanté   3. oí   4. me duché   5. me vestí   6. salí   7. fui   8. puse 9. manejé   10. llegué   11. llegué   12. se puso   13. dio   14. Trabajé   15. almorcé   16. descansé   17. Salí   18. Tuve que   19. asistí   20. oí   21. dijo   22. Dormí   **C.**   1. Jugué   2. me duché   3. me puse   4. fui   5. Me divertí   6. me acosté   7. jugó   8. se duchó   9. se puso   10. salió   11. se divirtió   12. se acostó   **D.** *Las actividades deben ser originales. Piense en lo que hicieron los miembros de su familia y/o sus amigos. Mire los modelos y recuerde usar el pasado.*   **E.** ▲ ¿Asististe a la escuela? ¿Estudiaste...? ¿Hiciste...? ¿Almorzaste...? ¿Tendiste...? ¿Sacaste...? ¿Practicaste...? ¿Fuiste...? *Puede usar otros verbos. Recuerde usar la segunda persona* **(tú)** *en el pretérito.*   **F.** ▲ Manejaron a Ciudad Juárez. Llegaron a Ciudad Juárez. Fueron a la plaza y escucharon música. Raúl fue a la Librería México. Esteban entró en la tienda Guitarras Segovia. Fueron al cine para ver una película. Cenaron en un restaurante muy bueno. Regresaron al carro con los paquetes. Volvieron a San Antonio.   **G.** ▲ *Los* *detalles deben ser originales.* 1. Hace *un año* que me gradué de la escuela secundaria. 2. Hace *dos semanas* que conocí a mi profesor(a) de español. 3. Hace *tres días* que limpié mi cuarto. 4. Hace *una semana* que fui al cine con mi novio/a. 5. Hace *un mes* que me divertí mucho con mis amigos. **H.** *Sus respuestas deben ser originales.* **I.** 1. llegó, vio, fue, encontraron 2. declaró, fue, empezó, empezó, terminó 3. declaró, terminó, Fue, tuvo, fue, regresó **J.** *Su párrafo debe ser original. Recuerde que para hablar de su fin de semana, debe usar formas verbales de la primera persona (**yo**): me levanté, estudié, trabajé, comí, corrí, escribí, fui, tuve, hice, etcétera. No escriba una lista de actividades. Incluya detalles interesantes.* **Resumen cultural** 1. Estudió en la Escuela de Bellas Artes de Buenos Aires. 2. Son montañas; se encuentran en el noreste de España, cerca de Francia. 3. Sale de Cuzco. 4. Es una caminata de 43 kilómetros que pasa por la ruta de los incas. 5. los guaraníes; los incas 6. la represa Itaipú; en Paraguay 7. el castellano 8. Más vale solo que mal acompañado. **ACTIVIDADES AUDITIVAS** **A.** 1. Sí 2. Sí 3. No 4. Sí 5. No 6. Sí 7. Sí **B.** 1. G 2. NG 3. G 4. G 5. NG 6. G 7. G **C.** 1. fue, bailó 2. llamó 3. salió, volvió 4. pasó 5. dijo 6. dijo **D.** 1. c 2. b, c 3. a, b 4. b **E.** 1. c 2. b 3. c 4. c 5. a **F.** 1. S 2. M 3. S 4. B 5. M **G.** 1. 27 de abril de 1969 2. 33 años 3. 33 4. 45 años 5. visitar a sus abuelos y otros parientes 6. tienen su familia 7. le gustaría viajar a Japón (la tierra de sus padres). **H.** 1. F: Carla se divirtió en la playa el sábado. 2. C 3. F: En la playa tomaron el sol, escucharon música, nadaron y jugaron al voleibol. 4. C 5. C **PRONUNCIACIÓN Y ORTOGRAFÍA** **Ejercicios de ortografía** **I. A.** 1. saco 2. sombrero 3. silla 4. casa 5. seis **B.** 1. brazo 2. nariz 3. izquierda 4. rizado 5. azul **C.** 1. cierre 2. lacio 3. gracias 4. bicicleta 5. cereal **II. A.** 1. comí 2. estudié 3. salí 4. trabajé 5. entendió 6. llegó 7. lavó 8. corrí 9. jugó 10. terminó **B.** 1. hice 2. puse 3. pude 4. quise 5. dijo 6. trajo 7. vino **III. A.** 1. Juan no quiso buscar el reloj ni los lentes que perdió. 2. Yo busqué el reloj pero encontré solamente los lentes. 3. Roberto no jugó al tenis porque llegó muy tarde. 4. Yo llegué temprano y jugué con su compañero. 5. No pude leer el periódico ayer; mi padre sí lo leyó. 6. Hoy busqué el periódico pero no llegó. 7. Dije que no, pero mi hermano no me creyó. 8. Esta tarde empecé a hacer la tarea a las dos; Luis empezó a las cuatro. 9. Cuando llegamos a Acapulco, busqué mi traje de baño. 10. Yo no pagué el viaje; pagó mi esposo. **B.** 1. me bañé 2. hablé 3. dije 4. manejaste 5. llegué 6. tuviste 7. levantó 8. salió 9. vino 10. desayunamos 11. hicimos 12. quiso 13. compraron 14. se lavó 15. incluyó **VIDEOTECA** **A.** 1. F 2. C 3. C 4. F 5. F 6. C 7. F 8. F **B.** 7, 3, 6, 5, 1, 8, 2, 4 **C.** 1. durmió y estudió 2. ir al cine 3. vio a Gustavo 4. entrar en una tienda 5. prefirió salir con otra chica 6. se puso rojo 7. una paloma de porcelana **LECTURAS** **Lectura: Comprensión** 2, 1, 4, 6, 5, 7, 8, 3 **Lectura: Comprensión** 1. b, c 2. c 3. b, d 4. c 5. b, c, d